읽는 기도문을 하나님께...

읽는 기도문을 여러분께...

모든 성경은 하나님의 감동으로 된 것으로 교훈과

책망과 바르게 함과 의로 교육하기에 유익하니

딤후 3:16

모든 민족을 제자로 삼으라고 말씀하신 아버지와 아들과 성령의 이름으로 온전한 기도의 번제를 올려 드립니다. 읽는 기도문 시리즈는 기도가 무엇인지 잘 모르시는 분과 기도를 도무지 어떻게 해야 할지 어려워하시는 분을 위하여 만들어졌습니다. 특별히, 질병과 물질과 사람들로 인한 고난 가운데 있는 하나님의 사람들이 기도문을 가지고 기도하실 때에 기도의 힘을 받아 능히 상황과 환경을 이길 수 있도록 쓰인 기도문입니다. 더 나아가 기도의 깊은 경지에 이르기를 원하시는 모든 이들에게 하늘보좌 앞 금 제단에서 내려오는 축복이 이 기도문을 통하여 임하시기를 기도합니다.

이 기도책은 성경에 기록된 하나님의 말씀을 믿음으로 고백하며 올려 드리는 영의 기도입니다. 예수 그리스도의 마음을 담아 _____성도님께 두 손 모아 안겨 드립니다.

따라서 모든 믿음과 기도의 기준은 **성경 말씀을 기준**으로 하는 것이 가장 중요합니다. 하나님이 원하시는 뜻대로 기도하고 살아가시는 여러분들이 되시길 바랍니다. 예수님 외에 절대 구원은 없습니다. "나 곧 나는 여호와라 나 외에 구원자가 없느니라"(사43:11) 천국문으로 안내하는 구원의 기준은 예수 그리스도이시며 오직 성경 말씀만이 100%진리입니다. 그러므로 여러분들이 신뢰할 수 있는 가장 확실하고 정확한 말씀을 믿고 기도하는 것이 하나님께서 기뻐하시는 영의 예배요, 거룩한 기도라는 것을 기억하시기 바랍니다.

- 예수님을 사랑하는 기도자가 드립니다 -

이 책은 개인적인 기도문을
기록한 기도책입니다..

이와 같이 성령도 우리의 연약함을 도우시나니 우리는 마땅히 기도할
바를 알지 못하나 오직 성령이 말할 수 없는 탄식으로 우리를 위하여 친히
간구하시느니라 롬 8:26

　이 기도문은 독자로 하여금 가장 기도하기 쉽게 발음의 편의를 고려하여 쓰였습니다. 그래서 문법적인 요소를 모든 곳에 적용하지 않았음을 알려 드립니다. 말씀이 기도문에 자연스럽게 녹아 있으므로 직접 읽어보시면, 입가에서 기도문장이 자연스럽게 맴돌며 읽혀지실 것입니다. 그 이유는 성령께서 기도의 길을 미리 닦아 놓으시고, 기도의 문이 열리도록 여러분들의 심령에 성령님의 운행이 있으시기 때문입니다. 이미 1년이란 시간 동안 주변에 있는 기도자들이 함께 참여해 본 후 충분한 시간을 놓고 다듬어서 나온 기도문입니다. 따라서, 여러분이 어떤 마음가짐으로 읽어 나가시느냐에 따라 기도의 불이 더 강하게 붙을 수도 있습니다. 마치 며칠을 굶주린 사람이 밥을 먹을 때 느긋하고 여유롭게 먹을 능장 부릴 시간이 없고 오직 밥상 한곳만 쳐다보며 열심히 먹는 것처럼... 사막 한 가운데에서 갈증의 한계치로 쓰러지는 자가 시원한 냉수 한 잔을 마셔서 간절한 마음과 이제는 살 수 있겠다는 생각으로 벌컥 벌컥 물을 마시는 것처럼...

　그러나 그리 아니할지라도, 그저, 조근 조근 소리 내어 한 문장씩 읽어 나가시기만 하셔도 기도의 불이 쉽게 붙게 됨을 몸소 경험하시게 되실 것입니다. 여러분이 실제 체험해 보시고 직접 경험해 보세요!

　- 하나님의 마음과 내 마음을 일치시키시는 성령님 감사합니다 -

차 례

그러므로 너희는 정신을 차리고 근신하여 기도하라

[베드로전서 4:7]

죄와 싸우며 기록한 일기장

너희가 죄와 싸우되 아직 피흘리기까지는 대항하지 아니하고
[히 12:4]

오호라! 나만 안 되는 기도

오호라, 나는 곤고한 사람(비참하고 가엾은 사람)이로다
이 사망의 몸에서 누가 나를 건져내랴 롬 7:24

저는 진흙 속에 파묻혀 있는 자갈보다 못하고 모양새가 어여쁘지도 않은 모난 돌멩이입니다. 저는 지금까지 말씀 중심으로 믿음의 선한 싸움을 죄와 맞서 싸우며 살아왔습니다. 저 같은 사람도 하나님의 은혜 가운데 그리스도의 보혈로 모든 죄를 용서받아 하늘의 형상을 입게 해 주신 큰 은혜는 너무나 감사한 일이었습니다. 내 삶에서도 하늘에 속한 자의 모습으로 살아간다는 것 또한 얼마나 감사했는지 모릅니다. 그런데 슬프게도 딱 거기까지만 허락되었습니다.

이게 무슨 얘기냐면 그리스도를 마음에 믿고 살아가는 동안에 내 마음의 법은 성경대로 살기를 원하지만 내 육신의 몸은 항상 반대로 행하고 있으니 이처럼 괴롭고 고통스러운 일이 어디에 또 있겠느냐는 뜻입니다. 나는 보혈의 은총으로 모든 죄를 용서받아 그리스도의 옷을 입고 살고 싶은데, 죄의 몸에 맞지 않는 그리스도의 옷을 입고 살려고 하니 시시때때로 고민 위에 근심만 생기게 되었습니다. 아마도 믿음을 가지고 난 후부터, 저는 죄에 대하여 고민하는 일이 마치 습관처럼 되었던 것 같습니다. 정작 믿

노라고 말은 해놓고도 세상 욕심은 다 가지고 있었고 내면의 상처와 쓴 뿌리들은 그냥 놔둬도 쑥쑥 커지고 있음을 보고는 한탄밖에 나오지 않았습니다. 물론 이 쓴 뿌리들을 제거해 보려고 여러분들이 하고 있거나 여러분들이 이미 알고 있는 노력이란 노력은 다 해 봤습니다.

가령, 기도원에 정기적으로 참여해 본다든지 말씀을 자주 본다든지 때때로 안 되는 금식을 시도해 보거나 심지어는 천국과 지옥을 체험한 책들을 구매하여 밑줄을 빡빡 그어가면서 외워놓고는 스스로에게 경각심을 주는 등 여러 가지 별의별 방법을 다 동원해 봤습니다. 심지어는 천국과 지옥을 체험한 사람들을 어렵게 찾아가서 직접 인터뷰하며 그 분들의 목소리를 귀담아 들어도 보고, 영적인 긴장감을 놓치지 않아 보려고 무진 애를 쓰며 살았습니다. 그런데 여전히 내 마음은 기쁘지가 않았고 석연치 않았습니다. 남들은 기도원에 가서 금식하고 작정 예배드리면 천국과 지옥이 열리고 하다못해 환상이라도 보고 오며 응답도 받아오고 하는데, 나는 뭐 환상은 그렇다 치고 아무 일도 생기지 않아서 답답한 마음이 하늘을 찌를 듯 치솟았습니다. 중·고등 학생들이 평소에는 자기 마음대로 살다가 부모님께 등 떠밀려 방학기간에 며칠간 수련회를 다녀와도 그들은 최소 방언이라도 받아 오는 것을 종종 보기도 하였건만 저란 놈은 항상 예외대상 이었습니다. 공부 잘해서 그렇게 받고 싶었던 대상을 못 받고 무슨 예외대상, 슬픔 대상, 홀로대상이라는 요상한 대상만 자꾸 받으며 살아왔습니다.

방언을 받으면 더 기도가 잘 된다고 어디서 그 소리를 듣고 와서는 방언을 받아 보겠다고 결심하고 성경에 기록된 대로 "바울이 그들에게 안수하매 성령이 그들에게 임하시므로 방언도 하고 예언도 하니 (행19:6)" 이 구절을 발견한 후 능력이 나타나는 기도원 목사님을 찾아 갔습니다. 거룩하게 무릎을 꿇고 "저는 방언을 꼭 받고 싶습니다."라고 말을 하고는 잔뜩 기대하면서 강대상 앞에 나가서 그 말로만 듣던 그 대단한 안수기도를 처음 받게 되었습니다. 그러나 그날에도 저에게는 아~~~무~런 일도 일어나지 않았습니다. 목사님이 기도원 강대상 앞으로 나오라고 해서 그 수많은 사람들 앞에서 방언 한 번 받아보겠다고 발버둥 치며 애써 노력해 보았건만, 제 노력은 그저 소리 없는 메아리로 끝나 버리고 말았습니다. 참고로 그 강대상은 나중에 알고 보니까 큰 병도 치유가 일어나는 기적의 강대상이었답니다. 다른 사람에게는 다들 잘 되는데, 저에게만은 되지 않는 이 묘한 일이 무엇인지 도통 알 수가 없었습니다.

그러나 저는 포기하지 않았습니다. 왜냐하면 성경에 나온 대로 "천하에서 내 영혼을 스스로 포기하여 잃게 되면 모든 것을 다 잃는 것이 된다." 는 말씀을 알았기 때문입니다. 그래서 새로운 시도를 해 보았습니다. 유명한 유튜브 채널을 검색하여 방언을 하는 방법을 알려 주는 곳을 찾아서 그가 알려 주는 대로 이상한 발음과 소리를 내가면서 일부러 제 혀를 잠깐 뒤집고 꼬아가면서 펴보기도 하고 구부려도 봤다 접었다를 반복하면서 시도했습니다. 이 방식으로 구부렸다 오므렸다 말았다를 계속했고, 연속해서 연습도 해봤습니다. 그런데 솔직히, 저는 이게 더 어렵더군요. 차라리 제가 하는 기도로 하는 것이 더 편하고 좋겠더라구요. 저는 정말 저 밑바닥 속으로 가라앉고 있는 느낌이었고 깊은 밑바닥으로 자꾸자꾸 내려가는 듯 했습니다. 다른 한편으로는 어린아이들도 되는 방언이 나에게는 안 되니까 부끄럽고 창피하기까지 하더군요. 정말 나는 주님을 더 사랑하고 싶고 이 좁은 길을 잘 가고 싶어서 방언 받고 기도하고 싶은데, 성경에 기록된 그 좁은 길은 마치 저에게는 더 좁아터진 가시밭길이 되고 말았습니다.

내 소원은 무슨 축복을 받는 것이 아니고 그저 기도를 연속해서 7시간 해 보는 것이 진짜 소원이었습니다. 기도, 정말 잘하고 싶었습니다. 그래서 이번에는 또 다른 방법을 생각해 냈습니다. 기도 시간을 늘려 보려고 친하지도 않은 사람들 이름을 이리저리 끌어와서 그들을 위해 중보기도를 하나씩 해 가면서 그들의 특징에 맞게 기도를 해보니 기도시간이 좀 채워지는 것 같았습니다. 그리고 이것 저것 끌어와서는 마음에도 없는 말을 만들어서 말하고 더 할 말이 없으면 진짜 조국 통일을 위해서도 기도했어야 했습니다. 기도를 하려고 몸부림치는 것이 아니라 기도시간이나 때워보려고 애쓰는 가련한 모습이었습니다. 그래도 한 30분이라는 기도시간을 확보하게 되었습니다. 저에게는 이것도 큰 수확 중에 하나여서 기왕 이렇게 한 거 나도 한 달만은 작정기도란 것을 해보자 하여 골방에서 소리 내어 통성으로 기도해 보았습니다. (소리 내어 통성으로 기도하다 보면 몸에 힘이 빠져 기도하기가 더 힘들었음). 그렇게 하여 사상 최초로 한 달이라는 작정 기도 시간을 어거지로, 억지로, 쥐어 짜내며 눈물로 마치게 되었습니다.

그런데 30일의 기도가 마쳐졌을 때 저에게는 이러한 마음이 들었습니다. 한 달을 간신히 버텨가며 기도했더니 기쁨과 감사보다는 억지로 밀린 일기를 한꺼번에 한 달 것을 미리 다 써 놓고는 '획' 집어 던져 놓는 것과 같았습니다. 저는 그때 크게 깨달았었습니다. '기도라는 것은 나 같은 자가 도저히 할 수 있는 영역이 안되는구나!' 큰 절망이 찾아왔지만 포기하지 않았습니다. 성경에 기도하는 모습이 나온 대로 각 잡고 마음잡아 소리를 크게 내면서 '손을 저 하늘로 높이 들고 기도하면 은혜가 되겠지' 하며 기도도 해 보았습니다. 그런데 은혜는커녕 무릎 꿇고 10분 이상을 각 잡고 있어서 그랬는지 발은 이리저리 저려 왔고 몸은 힘없이 지쳤으며 통성기도를 하면 할수록 목소리를 크게 내다보니 힘만 더 빠지고 배만 더 고파졌습니다. 물론 들고 있던 두 손은 3분도 채 넘기기가 힘들었고요. '나는 왜 안 되는 것일까?' 분명히 믿음을 갖게 되었고 회개가 된 것을 느꼈고, 그 땐 나에게도 **기쁨과 감사가 한 순간에 들어왔는데** 그거는 대체 어디로 갔을까? 나는 벌써 그 처음 감격과 사랑을 잃어버린 건가?

그러다가 성경을 읽다 보니 히스기야왕이 벽을 보면서 "내가 진실과 전심으로 주 앞에서 행하였고 주께서 보시기에 선한 것을 기억하옵소서!" 하면서 심히 울면서 벽을 향하여 기도한 것처럼 저도 히스기야 왕의 심정을 동정해 보고 내게로 가져와서 벽을 보며 없는 마음 없는 눈물을 쬐끔씩 다 모아가지고 쥐어 짜내며 울면서 기도도 해보았습니다. 그랬더니 이번에도 은혜는 하나도 임하지 않고 벽보고 기도하는 것이 나에게는 오히려 답답하기만 했습니다. 내 눈에서 나오는 눈물은 기도하면서 주님이 주신 감격의 눈물보다는 자괴감에서 나오는 절망적인 눈물이었습니다. 눈물도 어떤 마음가짐을 먹느냐에 따라 짠 맛이 달라진다고 하는데, 진짜 하늘에서 내려오는 은혜를 맛보며 기도하는 자의 눈물이 부럽기만 했었습니다.

다윗이 쓴 시편에 보면 "나의 눈물을 주의 병에 담으소서"라고 기록되어 있잖아요. 저는 다윗과 같은 고백을 하며 눈물로 기도하는 자의 눈물이 마냥 부러웠습니다. 진정 '내가 흘리는 이 눈물은 악어의 눈물인건가' 하며 몹시 슬픈 마음도 들었습니다. "이번에도 실패구나!" 이제 더 이상 억지로라도 기도하며 짜낼 눈물도 힘도 기력도 다 없어졌습니다. 들에 있는 깨와 옥수수를 가져다가 기름을 짜낼 때 다 짜내서 그 찌꺼기로 다시 억지로 짜 내 보는 것과 같았습니다. 짜내고 또 짜내고 하다 보니 더 이상 기름을 짜낼 게 없는 것처럼 제 기도의 눈물도 이제는 바닥을 드러내고야 말았습니다. 이제는 마음이 상할 대로 상하니까 슬픈 장면을 봐도 화만 났지 눈물은 나오지 않았습니다. 살아보겠다고 암만 발버둥을 쳐봐도 안 되니까 마음이 상하여서 지쳐 나가떨어진 그런 기분이었습니다. 그러다가 시간은 한참 지나가고 또 흘러갔습니다. 이번에는 성경에 나온 대로 모세처럼 손을 들고 기도를 시도해 보았습니다. 모세가 하나님의 지팡이를 잡고 산꼭대기에 올라가 손을 들고 하나님께 기도를 드리는 장면을 떠올랐습니다. 거기를 읽어보면 손을 들고 기도를 드릴 때는 이스라엘이 이기고 모세가 피곤하여 팔이 내려오면 아말렉에게 패하는 장면 있잖아요. 그래서 나중에는 모세의 형 아론과 훌이 모세의 팔을 받들어 올렸더니 여호수아가 지휘하는 이스라엘의 백성들이 전투에서 승리하는 장면이 나옵니다. 그래서 저는 이것에서 힌트를 얻어 내어 어색하기는 했지만 벽에다가 손을 기대어 기도를 시도해 봤습니다. 여러분들이 보시기에는 어떠신가요? 나름 괜찮은 아이디어가 되지 않겠어요? 하하~ 그래요! 이번에는 좀 괜찮았어요. 기도하면서 벽에다가 손을 대고 기도하면 팔도 덜 아프고 내 모습은 나름 좀 거룩해 보이는 것 같기도 했고 뭔가 회개할 때는 내 마음에 시원치 않은 것을 느끼면 손바닥으로 벽을 '탁탁' 쳐가면서 내 기도의 박자와 장단에 맞춰서 하니까 답답했던 내 속도 나름 시원해지는 일석이조의 느낌을 받았습니다. 기왕이면 마당 쓸다가 돈도 주우면 더 좋잖아요. 기도하다가 어려우면 이마 부분을 잠시 벽에 대기도 하고, 기도할 말이 없으면 머리를 벽에 기대어 쉬기도 하면서 어쨌든 성경대로 거룩한 손을 들고 하는 기도의 모양새를 찾아낸 것 같아서 나름 기분은 좋았습니다. 여러분들도 제 글을 읽으면서 인지하셨겠지만, 기도를 하면서 기분을 생각하며 기도하는 것 자체가 이미 잘못된 것이지요. 저는 모양새와 기분을 생각하는 못난 기도자였습니다.

그런데 이것도 계속 하고 있다 보면, 올려놓은 팔을 벽에다 계속 기대고 있게 되니까 어깨가 욱신거리고 통증이 생기는 것을 느꼈습니다. 그리고 시간은 또 얄밉게도 흘러갔습니다. 그러면서 기도라는 것은 거룩하고 신령한 사람들만 선택받아하는 고귀한 것이라고 일단락 지으며 입 다물고 살았습니다. 기도는 특별하게 능력 있는 사람들만 하는 기도가 기도인 것이지 나 같은 나부랭이가 할 수 있는 것이 아니라고 속단했었죠. 그 당시 제가 생각할 때 기도는 아무나 하는 게 아니었습니다. 기도는 누구나 할 수도 없는 특정인의 특권이라고만 생각하게 되었습니다. 그래서 이번에는 다른 전략을 세워 보았습니다. 색깔도 여러 색이 있는 것처럼 나에게는 기도하는 거 말고 다른 신앙의 색을 찾아서 나에게 맞는 옷을 입고 가야겠다고 생각한 것입니다. 왜냐하면 안 되는 것을 하는 것보다도 되는 것을 찾아서 하는 것이 낫겠지 싶어 그리 한 것이지요. 스스로 생각해 본 결과 제가 잘 하는 것은 읽기와 보기와 쓰기였습니다. 지금까지 제가 기도하려고 노력한 모습들을 보시면서 독자 여러분들은 웃음이 터져 나왔을 수도 있습니다. 저는 이 글을 읽는 독자 여러분께 제가 가진 어린아이 같은 모습을 통해 웃음을 선물했다면, 저는 그것만으로도 충분히 만족하고 싶습니다.

그러나 이제부터는 지난번과는 상황이 좀 달라집니다. (비장한 각오! 흠 흠!) 방금 전에 언급했던 보고 듣고 쓰기를 활용하여 좁은 길을 걸어 보려고 시도한 과정을 말씀 드려보겠습니다. 사실 이 세 가지는 학창시절에 공부할 때 제가 자주 사용하던 방법이어서 나름 괜찮겠다고 생각했었습니다. 이번에는 내 더러워진 영혼을 깨끗하게 만들어 보려고 제 마음의 그릇에 말씀과 설교 동영상과 선인들의 신앙 교훈을 받을 수 있는 영상을 꾸준히 보기로 했습니다. 처음 시도한 것은 무엇보다 천국 지옥의 간증책을 읽고 지옥에 관한 유튜브 영상을 계속해서 시청해 보는 것입니다. 밥 먹을 때도 천국 지옥 간증 영상을 보았고 유명하신 설교가로 인정받은 목사님의 설교도 듣고 가슴에 남는 것들은 메모지에 적어가면서 시청했습니다. 이 방법은 저 말고도 여러 교인들도 이미 시도하는 일반적인 방법이라고도 생각됩니다. 역시 백문이 불여일견이라고 100번 듣는 것보다 한번 영상으로 보는 것이 학습효과나 감동은 두 배 이상으로 다가왔습니다. 영상을 보다보니 눈가가 말라서 발랐던 물파스를 바르지 않아도 감동의 눈물이 나더군요. 나름 회개도 터져 나오고요. 진짜 이번에는 억지 눈물이 아니라 마음에서 울려오는 내면의 눈물이었습니다.

우리 신앙인들은 눈물이 중요하잖아요. 왜냐하면 내 심령의 메마름이 눈물로 판가름 나기 때문에 예배나 기도 중의 눈물은 그 이상의 가치를 포함하고 있기 때문입니다. 음, 제가 본 것이 어떤 영상이냐면 최춘선 할아버지의 〈맨발의 성자〉와 주기철 목사님의 〈일사각오〉였습니다. 와~! 이와 같은 영상은 내 가슴에 그리스도의 사랑과 복음의 열정으로 불을 지르기에 충분한 영상 그 이상이었습니다. 이것뿐이 아닙니다. 노숙자들을 섬기시는 목회자들의 이야기와 순교자들이 살아온 믿음의 시련과 고난을 담아낸 영상들은 최고의 감동을 자아냈습니다. 여기에다가 천국을 침노하는 마음을 가지고 지속적으로 말씀을 읽으며 묵상하고 적어놓기도 하였고 할 수 있는 대로 영의 것으로 꽉 꽉 채워 놓는 느낌이 스스로가 느껴질 정도로 충만했습니다.

영상을 보고 감동을 받아 나도 예수님께 생명의 빛을 받았으니 받은 만큼 밖에 나가서 내 이웃을 섬겨 보자는 마음을 먹고 내 주변에서 찾아보기도 힘든 그 귀한 노숙자들을 만나보기 위하여 시골에서 서울역까지 기차를 타고 갔습니다. 마치 예수님이 가난하고 소외된 자들을 사랑하신 그 마음을 그대로 품고 감사한 마음을 담아서 빚진 자의 삶을 살아 보려고 갔었던 거였었죠. 노숙자들을 섬겨 보려고 돈도 좀 가져가고 서울역에서 그분들이 어디에 있는지 찾아다니며 다녔습니다. 구석구석 찾아다니다가 어떤 노숙자 아저씨 몇 분이 앉아 있으셔서 가식적인 친절한 말과 표정을 지어가며 "얼마나 추우시고 배고프세요?"라고 말을 건네고 먹을 것과 따뜻한 음료수를 드렸습니다. 무슨 하늘에서 내려온 천사 마냥 말을 하고 되지도 않는 인자한 표정을 지어가면서 그 분들이 필요한 것을 나눠주고 있었는데 어디서 무슨 소리를 들었는지 노숙자분들이 떼거지로 나타나서 이것저것 요구하기 시작했습니다.

당황한 저는 급히 돈을 꺼내서 가까운 편의점에 들러서 빵과 음료수를 몇 보따리 사서 쉴 새 없이 막 나눠주기 시작했습니다. (앞에 있는 노숙자가 어떤 모습으로 온지도 모를 정도로 막 전단지 나눠주듯) 한마디로 정신이 없었습니다. 그리고 난 후 저는 그분들에게 둘러싸여 더 이상 여기에 있으면 봉변당하겠다 싶어 도망치듯 서둘러 기차에 올라타 집으로 돌아오고야 말았습니다. 이때 저는 기쁨은 커녕 감사도 없고 온몸과 마음은 만신창이가 되어 다 뜯긴 감정이었습니다. 아니, 뭔가 외롭기도 하고 씁쓸하면서도 자기연민이 느껴지는 그런 묘한 기분이 들었습니다. "내가 이렇게까지 살아야 하나?" 분명히 지극히 낮은 자를 섬기는 것은 주님을 섬기는 것이라고 성경에 기록되어 있었는데, 저는 그 말씀에 순종하여 시골에서 저 멀리 서울까지 가서 이 고생을 해가며 갔었는데, **왜 기쁨과 감사는 없고 불편한 감정과 기분 나쁜 생각과 허탈감만 올라올까? 나는 섬기러 간 건데 왜 슬픈 기분이 드는 걸까?**

주님을 섬기는 것이면 기쁘고 감사해서 눈물도 나오고 그래야 하는데 눈물은커녕 그냥 힘들고 슬퍼서 엉엉 울고 싶었습니다. 이 뿐이 아닙니다. 저는 말씀에 기록된 것을 삶으로 살아내야 된다고 해서 순종하며 지냈는데 이게 **순종하면 할수록 나는 완전히 바닥나고 마음만 더 힘들어지는 것이었습니다.** 다른 분들의 간증 보면은 뭐 이런 멋진 멘트 있잖습니까? "내가 주의 일을 할 테니 주님이 내 일을 하여 주옵소서." 전도에 사명을 걸고 했더니 돌아온 축복들이 끝도 없이 펼쳐지는 그들의 간증은 나와는 매우 거리가 먼 안드로메다였습니다. 말씀도 읽고 본받을 수 있는 믿음의 선배들의 발자취도 보면서 메모해 두기까지 했고 나에게도 분명히 주님을 사랑하는 깊은 감동이 찾아와서 그렇게 살 수 있다고 생각하였는데 **막상 현장에 나가보면 그냥 처참히 무너지는 내 모습을 보게 되었죠.** 비참하게 무너졌습니다. 처절했습니다. 방언도 안 돼, 기도도 안 돼, 섬기다가 돈 쓰면 마음이 상하고... 심지어 치욕스러운 감정까지 들기도 하였습니다. 이건 마치 연애를 하고 싶은 사람이 책을 보며 안 되는 연애를 시도해 보려다가 실패한 시골의 노총각 같아 보였습니다. 교회에서 봉사를 해도 그저 열심히 봉사는 하지만 이상하게 내면에서 나오는 기쁨은 거의 없었습니다. 그저 하라고 하니까 했고 자원하여 했어도 기쁨이 없는 것은 매나 마찬가지였습니다. 이래하나 저래하나 똑같았습니다. 이 때부터 저에게는 뭔가 꺼려지는 브레이크가 생겼습니다. 이것이 제 신앙의 큰 걸림돌이 되었죠. 말씀읽기를 주저하는 브레이크가 생긴 것입니다. 설교영상 보기를 주저하는 일도 생겼습니다. 왜 냐하면 모르고 지은 죄보다 알고 지은 죄가 더 많이 매를 맞는다 고 성경에 나와 있는 것을 알았기 때문입니다.

심지어는 선을 행할 줄 알고도 행하지 아니하면 죄라는 말씀이 분명히 기록되어 있다는 것을 아는 이상 더는 못하겠더라고요. 그냥 말씀 읽기가 겁났고 묵상하는 것은 더더욱 두려워졌습니다. 아는 것이 삶으로 연결되지 않으면 다 죄가 되니 도저히 성경 읽을 엄두가 나지 않았습니다. 지금까지 내가 영적인 목마름을 가지고 알아 왔던 그 귀한 말씀들이 나를 공격하는 화살이 되어 날아왔습니다. 말씀이 나를 지켜주고 말씀으로 하늘의 양식을 먹는다고 했는데, 그 생명의 말씀이 나에게는 **마음에 커다란 짐**이 되어 무겁게 돌아오기만 하였습니다. **말씀을 제대로 삶 속에서 살아내지 못하게 되니까 이제는 도무지 말씀 읽을 엄두가 나지 않았고 사실, 한 동안 성경을 보지도 읽지도 못했습니다.**

이쯤에서 꼭 짚고 넘어가야 할 것이 있습니다. 저는 여러분이 말하는 율법주의자나 행위주의자는 아니었습니다. 종교인은 더더욱 아니었구요. 저도 말씀에 순종해 보려고 없는 감사도 다 해보았고 말씀대로 살아 보려고 몸부림을 넘어서서 피부림도 쳐 봤습니다. 그런데 자꾸 넘어지는 것을 어찌합니까? 해도 해도 되지 않는 저였습니다. 죄 앞에서 힘없이 주저앉는 제 모습... 죄로 넘어지고 죄로 얻어맞는 일은 예나 지금이나 동일했습니다. 죄짓고 후회하고 넘어진 죄에 또 넘어지고 뭐 그런 방식인 셈이었죠. 말씀 때문에 화를 억누르고 있다가 나중에는 더 크게 폭발해서 폭탄 터뜨리듯 더 크게 죄를 짓고 입술의 죄도 안 지어 보려고 하다가 나중에는 감당할 수 없는 헛소리를 해대기도 했습니다.

'아~ 이 죄라는 것은 내가 더 이상 내 힘과 내 노력으로는 이길 수 없는 것이로구나!' 무엇이 문제일까? 분명히 성경에는 믿음으로 세상을 이긴다고 하였는데 내 믿음은 약한 믿음인 건가? 아니야, 약한 믿음이 어떻게 주님을 사랑할 수 있겠어? 정말 어려웠습니다. 나도 저 천성을 향하여 전진하고 싶은데 보고 듣는 체험한 것은 하나도 없고 어느 누가 이렇다 할 길을 알려 주는 사람도 없어서 제 마음은 심히 답답했습니다. 아무리 성경에서 "보지 않고 믿는 자가 복되다"는 말씀을 알고 있어도 이 말씀이 오히려 답답한 내 마음을 더 후벼 파는 느낌이었습니다.

이것을 어떻게든 해결해 보려고 멀고 먼 그 유명한 기도원과 목사님을 다 만나 봐도 시원한 답을 얻어 낼 수가 없었습니다. 찝찝한 마음을 안고 집에 와서는 또 다시 괴로운 삶이 계속되었습니다. 사실, 그 분들이 알려 주었어도 아는 것을 내 것으로 만들기도 어렵거니와 **어떻게 하는 방법**을 물어보았을 때에 정말이지 속시원하고 명쾌한 답을 얻지 못했습니다. 이러다 보니 스스로 생각되기를 '나도 사울처럼 버림받은 건가?' 하여튼 별의 별 생각이 다 들어서 힘든 나날을 죄의 짐을 떠안으며 살고 있었습니다. 천국 간증자들의 체험을 들어보면, 그들의 말대로 이 땅의 것이 아닌 저 천성을 침노하며 살아가고 싶은데 무엇인가 말씀을 순종해보려고 시도했다 하면, 다 털려서 돌아오게 되니 이거 이러지도 저러지도 못하는 매우 곤란한 진퇴양난이 되었습니다. 여러분들도 지금 제가 말하고 있는 것을 대부분은 고개를 끄덕이며 무릎을 탁 치며 공감하고 있지 않으세요?

　제가요, 어느 정도로 기도하는 것을 어려워한지 아세요? 그 뜨겁다던 부흥회를 참석하고도 강사 목사님이 설교 후에 통성기도를 하자고 진행하고 있으면, 기도가 마음에서 안 나오고 안 내키니까 눈만 멀뚱멀뚱 뜨고 있었던 저였습니다. 그저 다른 사람 기도하는 것이나 쳐다보며 그냥 멍하니 있는 그런 사람 말입니다. 솔직히 마음에서 우러나오지가 않으니까 기도도 못하겠더라고요. 저는 그래요. 마음에서 내키지 않으면 아무리 좋은 것을 주고 떠다 먹여도 먹지 않는 스타일입니다. 무엇보다도 기도가 무언지도 몰랐고, 기도를 어떻게 해야 하는지도 모르니까 더 하기 싫기도 했고 하지도 않았습니다. **여러분이 보셔도 저란 사람... 진짜 한심해 보이지 않으세요? 네, 맞습니다. 저는 그때 참 한심하기 그지없는 거지 같은 사람이었습니다. 기도하지 못하는 영적인 그지! 이런 제 모습을 보시고 여러분들은 기도할 수 있다는 큰 자신감을 갖는 계기가 되실 겁니다. 저 같은 사람도 되었는데 여러분이 안될리가 없으십니다. 여러분은 저보다 더 빨리 기도가 되실 겁니다.**

　지성소 기도에 들어가는 방법에 대한 설교 영상도 찾아서 보았습니다. 왜냐하면 저도 하나님을 사랑하고 있기 때문에 더 깊은 기도를 하고 싶어서 진짜 간절했거든요. 나도 저 거룩한 언약

궤가 있는 지성소로 들어가는 깊은 기도를 하고 싶은 마음이 간절한데 **문제는 그 기도를 〈 어떻게 〉 할 수 있느냐**는 겁니다. 그런데 절망적인 것은 그 깊은 기도의 경지에 들어가려면 방언도 해야 되고 그 방언의 통변도 받고 더 깊은 기도를 계속 훈련해야 된다고는 말해 주는데 저로써는 딱히 **〈 어떻게 〉 할 수 있는 〈 방법도 〉 〈 과정도 〉 없었습니다.** '방언을 어떻게? 통변은 또 어떻게? 무슨 훈련? 그 훈련을 도대체 어떻게 하라는 것인가?' 방언을 하고 싶어서 간구해도 방언이 안 터지는 걸 나로서는 어떻게 할 방법이 없었습니다. 그리고 방언을 못 하면 깊은 기도를 할 수 없다는 뜻으로 들려서 더 분통이 터졌습니다.

그러나 주시는 분은 주님이시고 주는 분의 권한을 내 의지로 어떻게 안 되는 거잖아요. 누구는 방언을 받아 기도가 쉬워지고 누구는 기도의 응답을 받아 큰 축복을 받고 누구는 병이 낫고 하는 기적들이 있었으나 나와는 전혀 상관없는 저 머나먼 나라의 일과도 같았습니다. 참 슬펐습니다. 분명히 하나님은 살아 계시는 것 같은데 나는 왜 안 되는 걸까? 다른 사람은 다 되도 나는 어째서 안 되는 것일까? 나도 진정 **말씀대로 살고는 싶은데 앞으로 〈 나아갈 수 있는 힘 〉은 없고, 시편을 묵상해 봐도 잠시 잠깐은 위로는 되지만 그 위로가 내 실생활에 적용되어 〈 결정적인 힘 〉을 주지는 못하게 되니 자꾸 죄로 넘어지고 또 헤매는 모습이었습니다.** 그러니까 모양만 바뀌고 있다 뿐이지 죄는 여전히 내 앞에서 나를 주물럭거리며 조롱하고 있었습니다. 이기고는 싶은데 이길 수도 없고, 다스리고 싶은데 다스릴 수 없는 이놈의 죄, 회개해도 또 넘어지게 만드는 밉고 미운 이 죄, 그래서 이제는 회개하는 것도 미루게 만들고 나를 주저하게 만드는 영악한 이 죄를 이기려면 뭔가 〈 확실하고도 특단의 새로운 방법 〉이 필요했습니다. 아니, 처절하게 절실했습니다. 나에게는 비참해도 꼭 필요했습니다. 굴욕적이어도 무엇인가 있어야 했습니다.

'하나님이 계시지만 않으면, 지금 당장이라도 이런 신앙생활은 그만 청산해 버리고 세상에 나가면 편하게 먹고 살 수 있는데...' 이렇게 속으로 생각하며 시간을 보내게 되었습니다. 지금까지 기독교 역사를 살펴보면 하나님을 믿고 자기 목숨까지 바친 그 수많은 순교자들이 있었고 자기의 전 재산 2천억을 다 팔아 하나님의 일을 하다가 소천하신 선배 목사님, 의사 면허를 다 찢어 버리고 일부러 더 낮은 곳에 내려가서 가난을 일부러 겪어내는 저 분들이 과연 종교에 미쳐서 저리 할 것 같지는 않았습니다. 분명히 무엇인가 있어 보였습니다. 지금 당장 내 눈에 안보이고 내가 몰라서 그런 것이지 저 분들이 저렇게 살아가는 확실한 이유가 있을 거라고 생각했습니다. 아무리 이성적으로 이리 머리를 굴려보고 저렇게 생각해 보아도 하나님이 살아 계신 쪽에 더 무게가 실렸습니다.

그러니까 힘든 것은 사실이었어도 믿음만은 포기할 수가 없었습니다. 무엇보다 순교하신 분들은 대부분이 저보다 성공한 분들이었고 똑똑하신 분들이었고 돈도 저보다 훨씬 많은 분들이셨습니다. 그런데 저분들이 자기의 성공길을 저버리고 일부러 고생길을 택한다는 것은 세상의 상식에는 맞지 않아 보였으나 무언가 보이지 않는 엄청난 믿음을 가지고 살아가는 것이 있다고 생각하였습니다. 물론 가끔은 저런 고귀한 삶을 자랑해 보려고 어쩌다가 흉내를 내는 사람도 있기도 했던 것 같았습니다. 그런 사람은 영락없이 들키거나 크게 자빠지기 일쑤였습니다.

그러나 제 마음에 존경이라는 글자를 새길 수 있었던 저 분들은 실상 진짜인 사람으로서 실제로 삶 가운데 묵묵히 믿음으로 밀고 나가는 모습만 보였습니다. 그러니까 이게 눈에 보이지 않을 뿐인 것이지 분명히 하나님이 살아계신 것이 맞으니까 저렇게 살고 있다고 생각할 수밖에 없었습니다. 간혹 종교에 미친 사람이 나온다고 하여도 누가 자기 목숨까지 내놓으면서 종교를 믿을 수 있겠습니까? 절대로 있을 수 없는 일이라고 생각되었습니다. 그러면 사람들은 어떻게 저렇게 살 수 있는 것일까? 저것이 가능한가? 진정 가능한 일인가? 어떻게 자신의 전 재산을 가난한 자들에게 다 나눠주며 심지어는 자기 목숨까지도 내어 줄 수 있단 말인가? 나는 무엇인가? 그러면 나는 가짜인가? 이러한 생각들이 꼬리에 꼬리를 물며 연이은 질문공세를 퍼붓기 시작하였습니다.

나는 진짜 그리스도를 믿었고 그 분의 보혈로 회개가 되면서 그 때 분명히 큰 기쁨과 감사가 임하였고 세상 부럽지 않은 그 처음 사랑을 느꼈었어. 그리고 이 기쁨을 세상에 있는 그 무엇과도 바꾸지 않을 거야. 하는 굳은 마음까지도 먹었던 분명한 기억이 있었습니다. 그러면 내가 처음 사랑을 빼앗겨서 이런 일이 생긴 건가? 처음마음, 처음마음, 처음사랑, 처음사랑 음.... 나도 세상에 빠져 미치는 것이 아니라 진정으로 **예수께 푹 빠져 미쳐서 미쳐 살**

고 싶은데 문제는 마음으로까지는 미치는데 행함으로는 못 미치니 이 건 정말 답답한 상황만 되었습니다. "우리가 만일 미쳤어도 하나님을 위한 것이요 하나님을 위한 것이요"(고후 5:13) 이 말씀을 간절히 원하고 이루고 싶었습니다. 그런데 왜, 무엇 때문에, 어째서 어어어어~ 이런 내면의 목소리만 내 안에서 끝없이 메아리쳐 왔습니다. 아무리 기도해 보려고 애써 봐도 안 되고 말씀도 읽어 보았지만 알고 있는 말씀조차 죄 앞에서 다 까먹어 버리고 무너지고 넘어지니 "보이는 것은 없어, 들리는 것도 없지, 그런데 뭔가는 있는 것 같은데, 나를 알려 주고 이끌어 주시는 목사님도 없어, 나는 도대체 어찌해야 된단 말인가?"

죄라도 안 지어 보려고 기도하고 말씀 읽어가면서 사람들 앞에 부딪칠 것이나 거칠 것을 놓지 않으려고 애를 썼으나 도리어 죄를 안 지어 보려는 그 예민함 때문에 눌러 놓고 참아온 죄를 더 크게 지었습니다. 그리고 정작 내가 부딪치고 내 자신이 거칠 것이 되는 황당한 상황만 연출되는 것이었습니다. 죄를 안 지으려고 노력하면 할수록 오히려 죄는 용수철처럼 더 튕겨져 나왔습니다. 마치 피자를 안 먹고 다이어트를 하려고 하면 평소 때보다 피자를 더 먹고 싶은 생각이 드는 것처럼...

말씀에 여자를 보고 음욕을 품는 사람마다 이미 마음에 간음을 하였다고 하여서 길에 나가면 짧은 치마를 입은 여자들이 지나가면 저는 죄인처럼 땅바닥을 보면서 걷기도 했었습니다. 그래도 어떻게든 눈으로 음란죄를 안 지어보려고 내 앞에 짧은 치마를 입은 여자가 지나가면 고개를 반대편으로 확 돌리기도 했고 가던 발걸음을 획 돌려서 반대로 가기도 했습니다. 여름날 길거리를 나가기만 하면 '확' '획' '확' '획' 움직일 때마다 무슨 무림액션영화를 찍는 것도 아니고... 그런데 희한한 것은 내가 아무리 피해 다녀도 신기하게 짧은 치마를 입은 여자들이 약속이나 한 것처럼 내 앞에 나타나 오른쪽으로 피해 반대로 돌아가면 왼쪽에서 또 갑자기 나타나 나를 당황하게 한 적이 많았습니다. 그래서 옆에서 동행하는 사람도 어이가 없었는지 나중에는 웃더군요. "뭐 이런 일이 다 있냐?" 하면서... 나중에서야 시간이 지난 다음에 알고 보니까 마귀 그 놈이 일부러 짜 놓은 연출이었다는 것도 알게 되었습니다. 일부러 마귀 놈들이 지나가는 여자들의 생각을 이용하여 나에게로 오게 만들었다는 사실도 알게 되었었죠. 이에 해당되는 성경 말씀이 있습니다. "마귀가 벌써 가룟 유다의 마음에 예수를 팔려는 **생각**을 넣었더라" (요13:2) 여러분들 진짜 생각하는 거 조심하셔야 합니다. 아무것도 아닌 것 같지만 그 아무것도 아니라고 생각한 그 생각이 마음에 들어와서 굳어지고 다져지게 되면 반드시 죄 된 행동이 나오기 때문입니다. **내가 죄로 넘어질 때마다 영적인 눈으로 보면 나에게 생각을 넣은 마귀놈들에게 죄의 밥을 주게 되는 것입니다. 그러니까 마귀 그 놈들도 먹고 살려고 나를 자꾸 자빠뜨리고 죄로 넘어지게 하는 거였습니다. 결국, 내가 죄로 넘어질 때마다 마귀 그 놈들의 진수성찬이 시작되는 것입니다.**

여름에는 그 좋아하던 바다도 가지 못했습니다. 여름에 바다를 가면 날씨가 덥고 해변에서는 수영복을 입고 다니시는 분들이 많아서 어쩔 수 없이 추운 겨울에만 바다를 보러 가야 했었죠. 어느 날은 제가 쳐다보는 음란죄를 안 지어 보려고 선글라스를 사서 끼고 밖을 나가기도 했었습니다. (저는 귀찮은 것을 엄청 싫어하는 성격이라서 햇빛이 매우 센 날에도 선글라스를 절대 쓰는 일이 없었음. 저는 그냥 햇빛이 쎄면 쎈가보다 하고 눈살을 찌푸리며 걸으면 걸었지 모자조차 쓰는 일도 없는 사람임. 심지어는 밖에 비가 오는 것을 알고도 귀찮아서 우산 없이 그냥 나가는 스타일) 하지만 선글라스도 내 시야를 다 가려주기에는 부족하여 아예 용접할 때 쓰는 용접안경을 쓰려고도 했었습니다. 그러나 용접스크린을 어디서 살 것이며 그 어둡고 두꺼운 판을 사서 안경알 크기로 오려내야 하는데 무슨 수로 개조하여 안경집에 가서 말을 해볼까 고민하다가 그만두었습니다. 만약 강행을 했다면 앞이아예 보이지가 않아서 마치 눈 멀은 사람처럼 되어 한 손을 앞으로 내밀며 더듬고 걸었을 겁니다. 그러면 죄로 넘어지는 것이 아니라 앞이 안보여서 돌에 걸려 넘어졌을 겁니다. 넘어지는 제 모습도 참 웃겨 보이기는 합니다.

다음번거는 가슴 아팠던 저의 애절한 몸부림치는 장면이 나오게 됩니다. 자~ 이제 저의 피부림치는 장면으로 들어갑니다. 감정의 안전벨트 단단히 매시고... 제가 일 년에 몇 번은 입술에서 화내는 말이나 욕이 나오는 말을 한 적이 있었습니다. 저는 그때 입술로 죄 짓고 원통하여 손바닥으로 내 입술을 사정없이 마구마구 때리기도 했었습니다. 저를 혹독하게 치며 질책하기도 했던 거였습니다. 그 순간에 눈물로 흐느끼며 "나 같은 것은 안 돼. 그래, 너는 죄인이니까 혀와 입술로 죄를 지었으니까 손바닥으로라도 더 얻어맞아야 돼! 아니 넌 맞아도 싸! 너는 그 입술로 성질부리고, 혈기 부리고 남에게 상처를 줬잖아! 맞아도 할 말이 없어! 그냥 이렇게라도 맞아라ㅜㅜ" 이런 생각을 하면서 입술을 손바닥으로 사정없이 치다 보면 진짜 입술이 터져서 피가 났습니다. 저는 그 때 피 흘리기까지 죄와 싸워야 한다는 성경 말씀을 진짜 피흘리는 방법으로 싸우게 된 셈이었습니다. 실제로 피 흘리는 방법으로 죄와 맞대응 하다 보니 입술이 여기 저기 찢어지고 부르터 있고 감정은 이미 상할 대로 다 상해 있었습니다. 바로 옆에서마치 마귀가 "저거 봐라."하며 조롱하고 낄낄대며 웃어대는 것만 같았습니다. 괴로웠습니다. 성질부려서 혈기도 못 참고 죄를 이기지 못하는 제가 참 굴욕적으로 보였습니다. 맞습니다. 저는 굴욕적이었습니다.

그렇게 내 입술을 계속 치고 나면 밥을 먹을 때마다 음식이 입에 잘 담아지지 않았습니다. 하루에 세 번씩 양치 할 때마다 입술이 제대로 오므려 지지 않아서 물이 자꾸만 좌우 옆으로 새어나와 비참했습니다. 저는 더 굴욕적이었습니다. 눈에 보이지 않는 마귀 이놈을 한 손에 멱살을 붙잡아 매고는 분이 풀릴 때까지두드려 패서 가루로 만들어 밟아버리고 으깨고 싶었습니다. 눈에보이지 않는 공기 같은 마귀를 화난다고 주먹질하며 이겨보겠다고 허공질 할 수도 없는 노릇이고 이 분을 되갚아 줄 수 있는 방법이 없는 것 같아서 더 억울하고 분에 찼습니다. 너무 열 받고 화가 나서 지하주차장에 세워 놓은 차 안에 들어가서 크게 찬송가를 틀어 놓고 소리치며 분에 찬 기도도 했었습니다. 우리가 흔히 알고 있는 그 대적기도를 분을 한껏 실어서 감정대로 내뱉은 경솔한 기도를 한 것이었습니다.

"나를 힘들게 하고 지치게 하고 죄 짓게 만드는 마귀 놈들아 예수님의 이름으로 명하노니" "영원히 없어져라!" "사라져라!" "이 악한 영들아~" 차 안에서 몸을 좌우로 비틀고 흔들어대며 거의 미친 사람처럼 소리 고래고래 지르면서 어설픈 대적기도를 했었습니다. 얼마나 소리가 컸는지 같은 아파트 주민이 제가 세워 놓은 옆에다 차를 주차하고는 놀라서 헐레벌떡 도망치듯 사라져 버리더군요. 모르는 사람이 진짜 빠른 걸음으로 가버릴 정도로 소리쳤던 지하 주차장에서의 그 피 말린 꿍음ㅠㅠ 그럼에도 여전히 내 마음에는 조금이라도 느낄 수 있는 평안이나 평강이 없었습니다. 며칠 동안 양치할 때마다 찾아오는 그 비참함과 자괴감은 이루 말할 수가 없었습니다. 입술은 부어있어서 계속 아프지, 죄에 패배하여 화는 치밀어 올랐고 마귀는 옆에서 저를 보며 깔깔대며 비웃고 조롱한다고 생각하게 되니 그 비참함은 하늘을 찌를 듯 솟구쳐 나왔습니다. 자존심 상한 내 감정도 이루 표현할 길이 없었습니다. 저는 죄에 짓눌려 저 바닥 밑으로 완전히 추락하고 가라앉는 느낌이었습니다. 어떨 때는 나의 거짓된 위선이 싫어서 거울에 비친 내 얼굴과 몸에 침을 뱉었던 적도 있었습니다.

저는 죄를 합리화하면서 죄와 손잡은 비겁한 사람이었습니다. 이런 일들 이후에도 기도라도 받고 설교라도 들으면 좀 낫겠지 싶어서 또 다른 사람들을 찾아갔습니다. 항상 남에게 빌어먹고 사는 영적인 하이에나가 된 것 같아서 내 모습은 더욱 초라해 보였습니다. 아니, 초라한 자였습니다. 이젠 자존심도 사라지고 없어졌는지 그러려니 했습니다. 원래 저는 자존심이 매우 센 사람으로서 절대 남에게 굽히고 사는 그런 사람이 못 됩니다. 처음에는 이 정도 까지는 아니었습니다. 하지만 기초생활수급자에 극빈자로 살다 보니까 부모님은 돈이 없어서 치료도 제대로 받지 못한 채 돌아가셨고 나에게 비굴한 환경을 준 이 가난이란 놈과 싸워서 이기고 극복하려다 보니 이런 성격이 만들어졌던 것 같습니다.

여러분들은 제 글을 읽으시면서 어떠신가요? 저같이 어렵게 신앙생활 하시면서 마음고생, 몸 고생 하시는 분들께 이렇게 글로나마 여러분을 진심으로 위로해 드리고 싶습니다. 그리고 읽는 기도문을 통하여 다시금 주님이 여러분을 새롭게 세워 주시게 될 것을 기대하고 있습니다. 여러분들도 〈 기도하는 방법 〉을 알게 되어 심령에 **기쁨과 감사와 참 만족이** 생기시면 저처럼 이리 불려 가고 저리 끌려다니면서 신앙생활을 하지 않으셔도 됩니다. 기도가 잘 되어 하나님의 영이 여러분 안에 충만하게 계시면 아쉬울 게 있나요? 다른 곳 찾아다니지 않으셔도 됩니다. 아마 여러분은 가만히 있는데 이제는 반대로 사람들은 여러분에게 도움을 받고 싶어서 찾아올지도 모릅니다. 여러분들도 곧 기도의 무게가 잡히고 내면의 힘이 생기게 되면 지금까지 제가 말씀드린 모든 것을 한 방에 다 이해 하실 수 있는 그 날이 오게 될 것입니다.

저는 지금 이 자리에서 저에 대한 얘기를 하고 싶은 마음이 조금도 없는 사람이었습니다. 오히려 나란 존재를 나타내 보고 싶은 마음이 1%도 없습니다. 그러나 내 뜻을 고집피우며 거스를 수 없었던 이유는 주님이 살리시고 구원하시려는 영혼사랑이 저에게 임하였기 때문입니다. 정말로 저에 대한 얘기를 감추고 싶었고 드러내고 싶지도 않았습니다. 비록 다 지난 이야기였어도 내 과거의 것을 끌어와서 굳이 누군가에게 말한다는 사실이 저에게는 무척이나 꺼려지는 일이었습니다. 아니 그냥 너무너무 싫었습니다. 그리고 제 성격은 힘든 일이 있어도 누군가에게 내 상황이 어렵다고 말하는 그런 성품도 못되기에 더더욱 망설였습니다. 하지만 지금까지 신앙생활 하면서 제게 있었던 일을 매우 조심스럽게 여러분들께 말씀드려 보았습니다. 여러분~ 저는 한심한 사람이었습니다. 뭔가 되려는 듯하게 보일 뿐이지 실상은 아무것도 없는 빈 수레가 요란하기 그지없는 빈 깡통이었음을 고백합니다. 빈 깡통이었던 저의 못난 고백을 주님이 주시는 은혜로 들어주시고 은혜로 받아주셔서 여러분은 저처럼 빈 깡통이 아니라 꼭 속이 꽉 찬 생수를 담는 생수 그릇이 되시기를 기도하겠습니다.

그리고 덧붙여서 제가 이렇게까지 죄와 싸운 이유는 예수님이 십자가에 달려 돌아가신 것이 지긋지긋한 나의 죄 때문인 것을 알았기 때문입니다. 나의 허물 때문에 그렇게 모진 채찍을 맞으시고 자신의 생명을 다 준 예수님의 십자가의 사랑의 은혜를 입었는데 예전과 똑같이 생활할 수는 없었습니다. 다른 사람에게 화내고 욕한 이 입술로 어떻게 예수님을 사랑한다고 고백할 수 있겠어요? 저는 한 입에서 찬송과 저주가 나오는 것이 마땅하지 않다고 생각했습니다. 하지만 지금까지 이렇게 살아온 내 입술을 한순간에 바꾸기란 참으로 어려운 일이었습니다. 분명 사랑의 하나님, 위로의 하나님께서는 이런 나의 마음의 중심도 아실 테고 내 육신의 연약함도 아실 것입니다. 하지만 마지막 날에 제가 하나님의 심판대 앞에 섰을 때를 떠올려보았습니다. 그때 이 모습으로 선다면 저는 너무 부끄럽고 죄송하여 얼굴을 들 수가 없을 것만 같았습니다. 그래서 이 간절한 마음이 행동으로 이렇게 표현된 것이니 너무 과격한 신앙의 색으로 오인하지 않으시길 정중히 부탁드리고 또 정중하게 부탁드립니다.

> 수많은 재앙이 나를 둘러싸고 나의 죄악이 나를 덮치므로 우러러볼 수도 없으며 죄가 나의 머리털보다 많으므로 내가 낙심하였음이니이다
>
> 시 40:12

지는 해를 바라보면서

지는 해가 바다 위를 비춰 빛의 길을 만들듯이 말씀의 빛이 내 마음을 비춰 생명의 길을 만들어 주시옵소서.
하나님이 주신 공의의 빛이 내 영을 비추어 공의의 길이 되게 하여 주시옵소서.
하나님이 주신 복음의 빛이 내 영을 비추어 복음의 길이 되게 하

여 주시옵소서.

하나님이 주신 겸손의 빛이 내 영을 비추어 겸손의 길이 되게 하여 주시옵소서.

하나님이 주신 온유의 빛이 내 영을 비추어 온유의 길이 되기를 원합니다.

하나님이 주신 거룩의 빛이 내 영을 비추어 거룩의 길이 되기를 간구합니다.

하나님이 주신 기쁨의 빛이 내 영을 비추어 기쁨의 길이 되기를 소망합니다.

하나님이 주신 감사의 빛이 내 영을 비추어 감사의 길이 되기를 사모합니다.

예수님이 주신 순종의 빛이 내 영을 비추어 순종의 길이 될 수 있기를 간청합니다.

예수님이 주신 용서의 빛이 내 영을 비추어 용서할 수 없는 자를 용서할 수 있는 넓은 마음을 주시옵소서.

예수님이 주신 사랑의 빛이 내 영을 비추어 사랑할 수 없는 자를 사랑할 수 있는 눈물을 주시옵소서.

주님이 흘려주신 보혈의 희생이 내 영을 감싸 안아 골고다의 길을 걷게 하여 주시옵소서.

순종과 용서와 사랑과 희생은 우리 주님의 옷이요 삶의 모습이셨습니다.

그리스도 안에서 일만 스승이 있으니 주님이 보여주신 모든 삶의 겉옷이 나의 스승이 되기를 간구하고 간청합니다. 아멘

 기록문

오호라! 나만 안 되는 기도를 읽고 저자의 고백을 들으셨을 때 어떠셨는지
마음에 느낀 점을 있는 그대로 기록해 보세요.

_____

_____

_____

_____

_____

_____

_____

_____

_____

_____

_____

_____

_____

_____

_____

와우! 죄를 이기는 기도

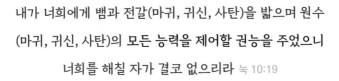

내가 너희에게 뱀과 전갈(마귀, 귀신, 사탄)을 밟으며 원수
(마귀, 귀신, 사탄)의 모든 능력을 제어할 권능을 주었으니
너희를 해칠 자가 결코 없으리라 눅 10:19

저는 미치도록 기도하고 싶었고 정말이지 창세기 4장 7절에
기록된 대로 "죄가 너를 원하나 너는 죄를 다스릴 지니라"는 이
말씀을 꼭 이루고 싶었습니다. 그래서 앞 부분에 눈물나는 죄와
싸우는 노력 가운데 하나님이 주시는 은혜로 일기로 쓰듯이 이
자기고백기도문을 주님께서 쓰게 하셨습니다. 지금부터 이 과정
을 여러분들에게 자세히 말씀드려보겠습니다.

사실 이 기도문이 한 번에 완성된 것은 아니었습니다. 하나님
께서 잃어버린 그분의 자녀를 다시 찾기 위한 안타깝고 애처로운
몸부림의 마음을 주셨습니다. 저는 주님의 그 심정을 담아 하루
동안 살아가면서 메모지를 들고 다니면서 주시는 기도문장을 그
때그때 마다 적고 또 적고 기록해 놓아서 지금의 읽는 기도문이
나오게 되었습니다. 물론, 이 기도문을 쓰는 동안 말씀에 갈급함
이 있어서 성경을 다양하게 검색도 해가며 깊이 있는 묵상도 병
행하였습니다. 제 자신 스스로가 어떨 때는 기도가 잘 되는 날이
있고 또 어떨 때는 기도가 잘 되지 않는 날을 자세히 살펴 가면

서 잘 되는 날은 왜 기도가 잘 되는지를 생각해보며 노트에 정리하고 기록하면서 기도문을 쓰게 되었습니다. 꽤 많은 시간이 필요했고 깊은 인내심이 요구되었습니다. 저는 계속해서 기도문을 써 왔고 이미 많은 기도문들이 빼곡히 쌓여 있습니다. 주님이 주신 하늘의 것을 어떻게 하면 구입하는 사람들 마음에 돈을 지불한 것 같지 않은 마음이 들도록 해볼까를 계속 고민하고 고심하고 있었습니다.

출판사에서 요구하는 모든 비용(한글 타자 비용, 편집 비용, 표지 디자인 비용, 내지 디자인비용, 인쇄 비용)을 하나님의 은혜로 손수 해결해 주셨고, 여러분들에게 이 책을 김밥 한 줄 값도 안 되는 비용으로 안겨 줄 방법을 알게 되었습니다. 모든 기도를 제가 손 글씨로 직접 쓰다 보니 2500 페이지가 훌쩍 넘어갔었습니다. 지금도 주님께서는 저 같은 자를 통하여 끊임없이 기도문을 쓰게 하시고 계십니다. 저 같은 것도 주님의 거룩한 임무를 할 수 있게 해 주신 것에 무한히 감사드리고 있을 뿐입니다.

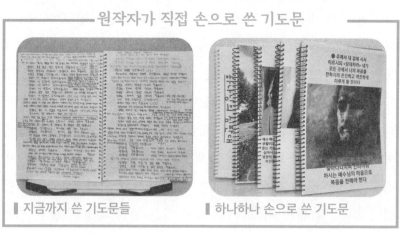

원작자가 직접 손으로 쓴 기도문

▌지금까지 쓴 기도문들　　▌하나하나 손으로 쓴 기도문

이제 이 기도문이 처음 나온 과정으로 들어가 보겠습니다. 여러분, 천로역정을 보면 그 주인공이 하나님을 믿고 살면 살수록 죄의 짐과 마음의 짐이 더 커지고 그러다가 마지막 산꼭대기에 보인 그리스도의 십자가 앞에 모든 짐을 내려놓으면서 천성에 입성하는 감동적인 장면이 나옵니다. 예수님께서도 "내 멍에는 쉽고 내 짐은 가볍다"고 말씀하셨고 요한 일서에도 "그의 계명들은 무거운 것이 아니다"라고 분명히 기록되어 있습니다. 그래서 이번에는 진짜 마음을 다하여서 나의 죄 짐을 다 주께 맡겨 버리겠다고 마음먹고는 '그래 맡기자, 맡기자, 맡기자'를 속으로 되뇌이고 입으로 선포하기도 하면서 살아갔습니다. 그런데 이건 웬걸... 맡겼는데 나는 믿음으로 그 분께 맡겼는데도 내 삶과 환경은 바뀌지 않고 동일하기 때문에 다양하게 찾아오는 어려움들은 여전히 생기게 되었습니다. 그럼에도 꿋꿋하게 '세상 사람들도 돈 벌려면 힘들게 사는데 이런 어려움들은 누구나 있기 마련이지'를 떠올리면서 애써 스스로를 다지며 한 가닥 남아있는 믿음의 끈을 붙잡으려고 노력하였습니다. 그런데 이것은 맡기는 문제를 넘어서서 더 **확실한 방법과 구체적으로 뒷받침되는 그 무엇인가 절실히 필요함을 느끼게 되었습니다.**

세상을 살다 보면 어쨌든 근심과 염려와 생활의 덫을 누구도 피할 수가 없잖아요. 그래서 저는 제가 제 스스로를 위하여 거룩한 자리를 만들어 보았습니다. 여러분들도 들어보셨을 겁니다. 자리가 사람을 만들어준다는 그 말을... 이런 방법으로라도 영적인 안전장치를 만들어 보려고 저는 그들에게 말씀을 가르치며 제 자신을 올바른 자리에다 일부러 세워도 보았습니다. 청소년들을 몇 명 모아놓고 그들에게 말씀을 가르치며 스스로를 올바른 자리에 세워 놓고는 말씀을 가르치기 위해서라도 말씀대로의 삶을 살도록 안전장치를 만들어 놓은 셈이었습니다. 물론, 영혼들을 사랑하는 주님의 마음과 동기를 가지고 시작했다는 사실은 사전에 말씀드려 놓고 이야기를 전개해 나가겠습니다.

저는 입에 침을 튀기어가며 열정에 불을 붙여서 불타오르는 최선의 노력을 하였습니다. 진실로 제 열심으로 하지 않고 하나님의 열심으로 해 보려고 애써 기도하며 노력했었습니다. 그러나 이것도 처절한 실패가 되었고 결국 저에게 남아 있는 청소년들은 다 떠나가고 말았습니다. 단 한 명도 남김없이 다 떠나갔고 덩그러니 저만 홀로 남게 되었습니다. "그 때부터 그의 제자 중에서 많은 사람이 떠나가고 다시는 예수님과 함께 다니지 아니하더라" 이 말씀을 떠올리며 저는 그 때 아픈 상처를 한없이 쓸어내렸고 아프며 쓰린 고통스러운 나날들을 보냈습니다. 제 신앙에서 보지 않고 믿는 믿음은 그야말로 답답함이 하늘을 찌르고 있었고 나중에는 이것이 하나님의 뜻인지조차 분간 할 수도 없었으며 내가 알고 있는 말씀을 순종할 수 있는 힘조차 그만 상실하고 말았습니다. 천국과 지옥을 보고 환상을 보며 눈으로 본 자들도 시간이 지나면서 변질되고 세상과 짝하여 믿음을 저버리며 넘어지곤 하는데, 아예 보지 못하고 믿는 믿음은 그야말로 험난한 비탈길 위에 있는 처참한 가시밭길이었습니다. 너무나 마음이 쓰리고 괴롭고 힘들어서 어찌할 바를 몰랐습니다. 온몸은 깨지고 다쳤고 마음은 아프고 쓰려서 다 무너져 버렸습니다.

그러다가 그 고통의 시간은 또다시 무심하게 흘러갔습니다. 어느 8월의 한 여름날에 길거리를 뜨거운 햇빛 아래에서 혼자 거닐고 있었는데 나를 떠나버린 애들 중에서 생각나는 몇 명이 있었습니다. 계속 생각나고 또 떠오르게 되어서 주님의 부르심이라고 생각할 수밖에 없었습니다. 대학에 간 그들을 다시 부르기로 마음먹고 매우 어색하기는 했지만 '주님이 살리실 거야.'를 속으로 몇 번이고 다지면서 진짜 자존심 다 내려놓고 어색한 말을 이어가며 어렵게 통화하여 몇 명을 불러 모았습니다. 지금에서야 하는 말이지만 정말이지 너무 너무 하기 싫었습니다. 내 마음에 상처를 남겨 놓고 간 그들을 다시 부른다는 것도 매우 무거웠고 어려운 짐이었지만, 사실 저는 그들에게 아쉬운 것이 단 하나도 없었기 때문에 연락할 이유도 없었습니다.

문제는 주님이 그들의 영혼을 아쉬워하니 저로서는 매우 난감했습니다. 주님은 떠나간 그들을 다시 살리시고 구원하려는 계획이 있으셨기에 제 감정과 슬픔은 뒷전으로 밀려나고 말았습니다. 몰라보게 훌쩍 커서 성인이 된 대학생들을 불러 모으기가 쉽지는 않았으나 어쨌든 이 애들을 데리고 예배를 시작했습니다. 문제는 이 아이들이 각 지역에 뿔뿔이 다 흩어져 살고 있다는 점이었습니다. 여러분들이 이 상황을 보셔서 짐작하시겠지만 어찌 되었든 말이 예배지 현장에서 보는 것도 아니고 인터넷 줌으로 연결하여 예배하는 그 열악한 상황인 것을 감안해 보면 금세 허술해질 것이 뻔했습니다. 예배모임을 인터넷으로 하면서 제가 느꼈을 때 예전과 다를 바가 없는, 발전도 기대도 전혀 없는, 그와 같은 생각이 머릿속에서 계속 맴돌았습니다. '이거 계속 해야 돼? 말아야 돼?' 그러면서도 남모르게 몰래 인내를 가지고 버텨 보기도 했습니다. 그리고 1시간씩 인터넷으로 같이 기도를 하기 시작하기로 하였습니다. 이때까지만 해도 기도를 정해 놓고 하는 것에 대한 중요성을 여전히 모르고 있는 상황이었고, 그저 짧게 짧게 그때 그때마다 상황에 맞게만 예수님의 이름으로 기도를 해 오던 터였습니다. 그런 제가 이 기도 모임을 1시간이나 채워가며 이끌어야 한다니 참담하기가 그지없었습니다. 나도 한 시간을 못 하는 기도를 신앙심조차 다 잃어버린 대학생들을 모아놓고 한 시간 기도를 시작한다는 것은 애당초 불가능한 일을 시작한 거나 다름이 없었습니다. 그래도 기도는 이어나가야 하니까 모여 있는 사람들의 이름을 하나씩 불러가며 중보기도를 해주고 그들의 가족을 위해 기도해 주다 보니 어떻게 한 시간은 흘러갔는데 이건 말 그대로 어렵고 힘들게 쥐어짜 내기에 지나지 않는 기도모임이었습니다. 글로 표현하자면 맨손으로 벽돌을 깨서 부수면서 피 터지는 아픈 손으로 또 다시 내려쳐야만 하는 그런 느낌이었습니다. 그렇게 계속 치다 보면 손은 다 터져있을 테고 저는 또 저 멀리 나가떨어지게 될 것이 분명했습니다.

어찌할 바를 모르고는 있었지만 어렵게 모인 아이들을 지금 놓치면 다시는 주님 앞에서 구원 받기가 더욱 힘들어질 것 같은 생각이 들었습니다. **그런데 이와 같은 〈 고통 속 연민이 있는 중에 〉 생각하지 못한 주님의 계획이 임하게 되었습니다.** 아이들을 어떻게든 기도하게끔 해 보려고 '핸드폰 문자 10줄 정도 되는 기도문'을 써서 카톡으로 보내 주면 좀 더 낫겠지' 하는 생각이 들었습니다. 그리고 몇 번을 시행착오 하다가 성령님에 대한 기도를 다시 써서 줘봤고 그것이 비록 짧지만 몇 번씩 반복하다 보니까 애들 말이 기도가 뚫려진다는 있을 수 없는 말을 하는 것이었습니다. 잠깐의 희망은 땀띠 나게 더웠던 내 볼에 바람 치듯 살짝 다가는 왔지만 이게 말이 뚫려진다지 전보다는 좀 더 수월하다 이 정도의 의미에 지나지 않았습니다. 그러면서 아이들이 기도하면서 회개를 해야 되겠는데 어떻게 회개를 해야 되는지 모른다고 하여 저더러 **회개기도문을** 써달라고 요청했습니다. 그래서 저는 마음을 다 끌어모아 정성껏 성경에 나와 있는 죄들과 우리가 살면서 교묘하게 짓는 죄들을 자세하고 구체적으로 일일이 나열해 가며 연습지에 써 본 후 다시 원본 기도문에 손 글씨로 실어줬습니다.

그런데 진짜 여기서부터는 믿기지 않는 일이 생겼습니다. 아이들이 회개 기도를 한 후 더 깊은 기도를 원하게 되었고 이제는 다른 기도문도 함께 요청을 하게 되었습니다. 그래서 저는 기도문을 쓴 김에 주님께 기도하면서 **전신갑주 기도**를 추가로 쓰게 되었고 더 나아가서는 **불의 기도와 사랑의 기도**도 완성하게 되었습니다. 계속 쓰다가 보니 나중에는 **자기부인의 기도문**까지 기록하게 되었습니다. 이렇게 기도문을 하나씩 쓰다 보니 어느새 **한 권의 기도문**이 만들어지게 되었고 이 기도문을 가지고 아이들에게 기도가 잘 되게 하려면 **어떠한 영적인 순서**를 거쳐야 하는지를 놓고 기도하기 시작했습니다. 기도만 하면 됐지 웬 **순서와 조합**이 필요하느냐고 물으실 수도 있으시겠지만 그때 저는 이런 생각을 해보았습니다. 우리가 잘 차려진 뷔페음식을 마음껏 잔뜩 먹고 오려면 처음에는 느끼한 음식은 피하고 일단 김칫국과 함께 한식으로 배를 가볍게 채운 다음에 무겁고 맛있는 고기와 튀김을 먹고, 마지막에는 샐러드와 케이크 같은 달달한 것을 먹잖아요. 처음부터 단백질의 고기음식과 기름기 있는 튀김을 먹고 달린다면 다음에 있는 다른 음식을 먹으려 하고 더 먹고 싶어도 위장에 부담이 되어 더 이상 먹지 못하게 되는 상황이 생기게 되는 원리를 생각하게 되었습니다.

이와 같은 원리를 생각해 보고 기도도 무작정 하는 것이 아니라 시작과 중간과 마침의 단계가 있을 것이라고 착안하였고 이를 위하여 하나님께 기도로 간구해 보며 아뢰어 보았습니다. (주님의 음성이 들리고 듣는다는 것보다 기도 후에 아이디어를 생각으로 떠올려 주실지도 모른다는 기대감으로 기도했다는 것을 뜻함) 그랬더니 기도의 처음시작은 불을 붙여야 기도 자체가 수월하게 시작된다는 감동을 주셔서 사도행전에 기록된 성령님의 임재와 성령님의 강력한 부으심을 묵상하였습니다. 그리고 사람의 옷을 입고 오신 예수님의 기도는 100% 응답을 받으셨는데 그 이유는 무엇인지를 더 깊이 기도하며 묵상해 보았습니다. 그랬더니 예수님은 자기의 뜻은 단 한 번도 기도로 말씀하지 않으셨고, 오직 자기를 보내신 아버지의 뜻만을 위해 기도하는 분이셨음을 알게 되었습니다. 그래서 예수님은 **동일한 말씀으로 기도를 하셨고** 세 번째도 **같은 말씀으로 기도**하신 것을 알게 된 후에 **말씀으로 기도하**

는 기도문을 쓰게 되었습니다. 그러나 여기서 한 가지 중요한 결정적인 포인트가 있었습니다. 예수님은 바로 말씀으로 기도하셔도 기도가 잘 되는 이유를 찾았는데 **"그분은 죄가 하나도 없으셨고 아버지께서는 성령을 한량없이 부어 주셨다는 것**을 알게 되었습니다 (요3:34)".** 그러나 우리는 예수님과는 전혀 다르게 항상 죄를 가지고 살고 있고 죄를 먹고 마시며 살고 심지어는 받은 성령도 죄를 지음으로써 소멸하고 있는 어리석은 죄인이라는 점을 깨닫게 되었습니다. 그렇기 때문에 죄로 소멸해 놓은 성령을 다시 채워 놓아야만 기도의 시작을 쉽게 할 수 있을 것이고 그 다음은 예수님의 보혈의 권세가 덧입혀져야지만 온전한 회개를 할 수 있음을 착안하게 되었습니다.

그런 후에 여전히 내 안에 남아 있는 이 죄들은 내 기도를 방해하고 있을 것이 분명했고 기도가 잘 안되게 만들어 나를 지치게 하거나 방해세력으로 작용할 것이라고 생각했습니다. 내 자아가 가지고 있는 이 죄들은 기도의 반작용을 할 것이 불 보듯 뻔하였으므로 그 죄들을 〈 성령의 불과 보혈의 권세로 〉 악한 영을 대적하여 몰아낸 후 기도하면 기도를 저항하는 모든 요인을 제거하여 더욱 쉽게 기도할 수 있게 됨을 착안하게 되었습니다. 그렇게 되면 우리가 알던 어렵고 힘들고 고된 기도가 아니라 기도는 너무 쉽고 누구나 숨을 쉬고 사는 것처럼 자연스럽게 할 수 있겠다는 생각을 주님이 주셨습니다. 한 마디로 내 모든 **상황과 조건**을 하나님께 맞도록 맞춰 놓기만 하면 **아버지와 아들과 성령께서 함께 운행하시게 되어 기도하기가 쉬워진다는 마음을 주셨습니다.** 마치 알이 새 생명으로 부화하려면 **따뜻한 환경**과 부화하기 위한 **시간이란 조건**이 맞아떨어져야 되는 원리를 생각해 보았던 것이었습니다. 알에게 환경과 조건을 부화하기 위한 것에 초점을 맞춰 놓는다면 새 생명이 되는 것처럼 기도도 내 안에 계신 거룩하신 성령께서 운행하시기에 **가장 좋은 상황과 조건을** 만들어 드린다면 뜨겁게 달아오르는 그 성령충만한 기도를 언제나 할 수 있겠다는 결론을 얻어 낸 것이었습니다. 그러므로 우리는 사람의 생각으로는 불가능해 보이는 "쉬지 말고 기도하라"고 말씀하신 그 말씀을 드디어 이뤄낼 수 있는 초석을 만들 수 있게 된 것이지요. 이 얼마나 놀라운 일입니까? 여러분도 생각해 보세요. 모든 기도의 첫 번째 중요한 시작은 불을 붙이는 것이 중요하다고 전달해 드렸습니다. 제 아무리 고급 일류 호텔에 주방장이 있고 모든 요리 재료와 고급 조리 도구가 갖추어져 있을지라도 만약 조리할 불이 없다면 모든 요리는 시작조차 할 수도 없고 시작하더라도 모든 음식을 날로 먹어야 하는 황당한 상황이 오게 됩니다.

주님은 말씀으로 기도문을 만들어서 그 말씀 위에 성령의 불을 붙여서 보혈의 권세를 덧입혀 놓고 기도한 후 대적기도를 하여 악한 영들을 쫓아내고 회개까지 이르게 되면 깨끗해진 심령이 되므로 누구라도 더 깊은 기도의 경지에 들어갈 수 있는〈 가장 최고의 영적 기도 〉가 됨을 알게 되었습니다. 즉, 말씀으로 기도한다는 것은 성령님이 운행하시기에 가장 좋은〈 최고의 영적 상황과 조건을 만들어 드리는 정확한 원리 〉가 되는 것을 말씀드리는 겁니다. 말씀이 성령하나님이시고 성령이 곧 말씀이시며 모든 말씀이 성령으로 쓰였고 성령으로 "귀

있는 자들은 들으라" 하시면서 교회들에게도 선포하셨으니까요. 이 원리는 매우 매우 중요하기 때문에 '내가 생각해 본 세가지 기도' 챕터에서도 다시 한번 말씀드려 보겠습니다. 성경에 보면 "하나님이 보내신 이는 하나님의 말씀을 하나니 이는 하나님이 성령을 한량없이 주심이니라 (요 3:34)" 이 말씀처럼 하나님 아버지와 예수님과 성령님이 동시에 운행하시고 일하시는 말씀 구절이 있습니다. 여기서 하나님이 보내신 이는 예수님이시고 그 예수님이 하나님의 말씀을 성령으로 하신다는 뜻입니다. 예수님이 하나님의 말씀을 하시니까 하나님이 성령을 끊임없이 주신다는 뜻이 되는 것이지요. 이 말씀의 원리를 주축으로 삼아 우리가 말씀으로 기도하여 **말씀을 말하고 선포하면서 기도하면 하나님이 성령을 한량없이 주신다는 의미가 되고 그로 인해 기도는 날개를 단 것처럼 훨훨 날듯 자유자재로 잘될 것입니다.** 또한 막혔던 둘째 하늘의 궁창도 힘 있게 뚫어 버리는 막강한 기도가 될 것입니다.

요한복음 3장 34절 한 구절 안에 성부 하나님과 성자 예수님과 성령 하나님이 동시에 언급되어 있고 〈 **한 분이신 하나님이 아버지와 하나님의 영이신 성령님과 예수님이 함께 일을 하신다는 영적인 의미로 이해** 〉하시면 되겠습니다. 즉, 세 분이 말씀 속에서 성령으로 함께 운행하고 함께 일하신다는 뜻이 되는 것이지요. 이 원리를 착안하여 말씀으로 기도하기를 성령께서 쓰게 해 주셨고 더 빠르게 기도를 뚫리게 하기 위해서는 나의 대적기도를 낱낱이 구체적으로 자세히 함으로써 **방해 세력을 미연에 싹 다 제거해 놓는 것이 중요**하다고 깨닫게 해 주셨습니다. 이미 앞에서 말씀으로 성령기도를 하면서 기도의 불이 붙게 되고 그 말씀으로 보혈기도를 하면서 보혈의 권세가 덧입혀져 있으므로 성령과 보혈의 힘으로 대적기도를 하여 마귀, 사탄, 귀신들을 내 안에서부터 바깥으로 능히 내어 쫓을 수 있는 권세가 생기게 되는 것입니다. 이렇게 하면 내 마음 안에 방해 세력이 완전히 제거되었으므로 성령과 보혈의 권세로 회개만 하게 되면 내 안에 있는 모든 죄의 찌꺼기들이 싹 다 씻어 내려가게 되고 여러분은 처음사랑과 구원의 감격을 매일매일 누리고 살 수 있게 되는 것입니다.

이 네 가지를 다 마치고 나면 **누구든지 마음이 온전해지고 심령에 큰 힘을 얻어서 그 영혼이 강해지게 되는 것을 스스로 느끼게 되실 것입니다.** 성경에 기록된 대로 예수님을 믿고 회개하면 성령을 선물로 받게 된다고 확실하게 기록(행 2:38)되어 있습니다. 기도가 끝나고 나면 성령님이 내 마음에 가득 차게 되므로 마음의 안정은 물론이고 내 심령 안에 **기쁨과 감사로 가득 차게 되어 누구든지 참 만족을 얻을 수가 있게 됩니다.** 이러한 영적 원리를 저 같은 죄인에게 생각과 마음의 그릇 안에 주셨고 저는 성령님이 직접 주시는 대로 손 글씨로 써가며 기록해 놓은 기도가 바로 말씀으로 기도하기 책이 되었습니다. 그래서 이 기도문은 교회에서 상처를 받아 실족하여 다시 교회로 나가기가 두려운 분들에게는 절대적인 힘이 되실 것입니다. 저는 여기서 "힘이 되실 것이라고 믿을 거예요."가 아닌 반드시 기도의 힘이 부어지게 되므로 확실한 만족을 얻으실 것이라고 단언하여 말씀드리고 있는 것입니다. 교회를 떠나 계신 분들이 이 기도문으로 기도하면 하나님의 임재가 강하게 나타나게 되시므로 **변화 받은 여러분도 영혼을 사랑하는 그 고귀한 마음이 생겨날 것이고** 교회에 다시 나가서 현장 예배를 드리고 싶은 강한 갈망이 내면에서부터 생겨나실 것입니다. 잃어버린 주님의 자녀, 놓쳐버린 하나님의 양들, 지금도 어디에선가 슬피 울며 고통 가운데 있을 주님의 어린양들, 가시나무 고난 속에 걸쳐 있는 성도들, 바위 틈 낭떠러지 은밀한 곳에 숨죽이며 살고 있는 그리스도의 신부들에 이르기까지 수많은 영혼들이 주님이 주시는 기도의 힘으로 다시 살아나게 되고 그들의 살아남이 하나님의 강력한 전신갑주를 입은 전사로 돌아와 무너진 우리 민족의 교회들을 다시 재건하기를 소망하고 있습니다. 그리고 더 나아가서는 영혼을 구원하고 살리기 위하여 전 세계로 거침없이 뻗어 나가는 영적 싸움에 능숙한 용사로 거듭나시기를 기도하겠습니다.

자~ 그렇다면 여기까지는 말 그대로 기도의 원리를 말씀 드렸고 읽는 기도문을 하신 후에 펼쳐질 앞으로 있게 될 주님의 계획도 말씀드려 보았습니다. 그렇다면 저는 이 기도가 실제로 정말 실제 효과가 나타나서 삶의 열매로 맺을 수 있는지를 알아보아야 했습니다. 먼저, 읽는 기도문이 내 삶에 적용되어 **죄를 다스리고 이길 수 있는 능력이 나타나는가**에 대한 실험을 해 보아야 했습니다. 그래야만이 읽는 기도문을 책으로 출판하고 돈 벌이와 유명세를 위한 것이 아니라 오직 주님의 마음을 받아 잃어버린 영혼만을 살리는 것에 집중할 수 있다고 생각했습니다. 무엇보다도 저는 다른 사람들에게 작은 피해조차 주는 것을 매우 꺼려하는 성격을 가진 사람이어서 어설픈 내 행동으로 하여금 사람들에게 아주

작은 실망도 끼쳐 드리고 싶지 않았습니다. 주님의 거룩한 일을 하면서 영혼을 살리려는 고귀한 일에 세상 돈이 오가는 것이 극도로 싫었습니다. 아니, 저는 신앙을 이용하여 이익을 취하는 것을 지나칠 정도로 혐오하는 사람입니다. 뿐만 아니라 주님의 마음으로 기도가 부족하여 메말라 가는 영혼을 섬기려는 마음이 아니라면 처음부터 아예 시작조차 하고 싶지도 않았습니다. 그래서 저는 읽는 기도문을 써 놓고도 저부터 오랜 시간에 걸쳐 해 본 다음 각각 대학생들에게도 조곤조곤 소리 내어 기도하게끔 1년 넘게 실행을 해 보았습니다.

저와 청년들은 "우리 함께 기도해" 찬양을 틀어 놓고 마음을 담아 집에서 책 읽듯이 소리 내어 읽어 나가는 기도를 하였습니다. **읽는 기도문의 제목처럼 그냥 소리 내어 읽기만 하면 기도가 정말 되는 것인지를 확인해 보는 중요한 검증과정이었지요. 〈 성령기도, 보혈기도, 대적기도, 회개기도의 4단계의 과정 〉**으로 하게 되면 대략 1시간가량 소요됩니다. 대부분의 사람들은 이 기도 순서로 하게 되면 순식간에 시간이 지나간다고 하더군요. 그러니까 누구나 한 시간을 기도할 수 있도록 **〈 기도 순서 시스템 〉**을 만들어 놓은 셈이지요. 읽는 기도문에는 이기는 기도까지 추가해 놓아서 더 강력한 성령의 임재와 보혈의 덮임막이 입혀지게 편찬하였지만 처음 실험과정에서는 딱 4 단계만 (성령기도->보혈기도->대적기도->회개기도) 가지고 실행해 보았습니다. 사실 저는 이 4단계만 진행했어도 기도할 때 저에게 엄청난 영적 파워가 생기게 됨을 재차 확인하게 되었습니다. "내가 간구하는(기도하는) 날에 주께서는 응답하시고 내 영혼에 힘을 주어 나를 강하게 하셨나이다 (시 138:3)" 이 말씀이 내 심령에 확 적용되어 죄가 내 앞에 떡 하니 나타나도 이미 내 영혼이 기도하여 강해졌기 때문에 죄가 죄로 힘 한 번 제대로 쓰지도 못한 채 조용히 소멸되어 없어지는 것을 체험했습니다. 이것은 참으로 놀라운 일이 아닐 수 없는 크나큰 사건이었습니다. 가령, 화낼 상황에서도 화가 나지 않는다든지, 성냄과 화와 분노라는 이 지긋지긋했던 놈들이 내 안에 성령의 힘으로 **다스려지는 것이었습니다.** 뿐만 아니라 돈이 욕심의 대상으로 보이지가 않았습니다. 예전에는 돈이 있을 때에도 더 못 벌어서 염려하며 안달이 났었는데 이제는 못 벌어도 근심은 커녕 아무 걱정도 되지 않았습니다. 이젠 지나가는 여자가 짧은 치마를 입고 다니든 말든 신경 쓸 필요가 없었고 구태여 선글라스를 끼고 밖에 **나갈 생각을 하지** 않아도 되었습니다. 친구들을 만나도 세상의 돈 얘기, 주식이나 부동산 또는 진급이나 좋은 자동차 얘기를 하여도 나에게는 그 대화조차 귀로 들려오지 않았습니다.

그 뿐만이 아니었습니다. 이젠 사람들을 안 만나도 전혀 외롭지가 않았고 오히려 더 편했습니다. 제가 그토록 좋아하던 신차도 눈에 들어오지 않았고, 백화점에 가서도 무엇을 무리해서라도 사고 싶은 소유욕이 생기지 않아서 좋았습니다. 저같이 죄로 계속 넘어지는 나약한 자도 **내 안에 있는 죄를 이기고 다스릴 수 있는 영적 파워가 생겼다는 것**은 참으로 놀라운 일이 아닐 수 없었습니다. 내 겉사람은 바뀌지 않았는데 내 속사람은 완전히 바뀌어서 예전과는 전혀 다른 딴사람이 되어 있는 것을 알게 되었습니다.

다시 말해서 이제는 그 지긋지긋한 그 놈의 죄를 다스리고 이기고 승리할 수 있게 된 것입니다. 저와 함께 예배하는 아이들도 전과는 사뭇 다르게 기도한 이후로 마음에 힘을 얻어 스스로 변화되었음을 느끼고 고백하였으며 실제로 그들의 삶에도 적용되었습니다. 이번에는 큰 물고기 하나를 잡아낚아 챈 것 같이 간만에 느껴보는 만족감이었습니다. 이 기쁨과 만족을 가지고 살면서 시간은 또 흘러갔습니다. 변화된 심령으로 살게 된 저는 하루에 한 시간을 정해 놓고 기도를 하였고 계속 꾸준하게 실천하였습니다. 놀랍게도 이번에는 기도하기가 어렵지가 않았고 그저 자연스럽게 하루하루 연이어지는 느낌을 받았습니다. 예전처럼 각 잡고 마음잡아 억지로 쥐어 짜내는 그런 식의 기도가 아니었고 기도하기 싫은 힘든 감정도 들지 않았습니다.

다시 한번 말씀 드리지만 저는 성령의 불을 뭐 뜨겁게 받고 눈을 감았는데 환상이 열리고 하는 그런 일은 없었습니다. 말씀으로 기도하면 내 마음에 찾아오는 **구원의 기쁨과 그로 인한 감사와 참 만족**을 스스로가 느끼고 있다는 것을 말씀드리는 것입니다. 그리고 환상을 보는 것보다 죄를 다스리고 이길 수 있다는 점이 저에게는 너무도 소중했습니다. 이러한 기쁜 감동이 있는 중에 갑자기 어떤 큰 사건 하나가 터지는 일이 생겼습니다.

예수께서 제자들에게 귀신을 내쫓는 권능도 가지게 하려 하심이러라

막 3:15

◆ 기록문

'와우! 죄를 이기는 기도'를 읽으시고 느낀 점을 기록해 보세요.

_____

_____

_____

_____

_____

_____

_____

_____

_____

_____

_____

_____

_____

_____

_____

_____

할렐루야! 죄를 제대로 이기는 기도

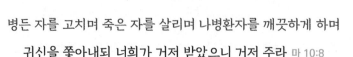

병든 자를 고치며 죽은 자를 살리며 나병환자를 깨끗하게 하며
귀신을 쫓아내되 너희가 거저 받았으니 거저 주라 마 10:8

이 사건은 말씀으로 기도하기 전에도 이따금씩 발생하는 일이었습니다. 그러나 말씀으로 기도를 시작한 이후에 이 일이 터진 것은 큰 실망에 빠지게 되는 계기가 되었습니다. 내용은 이랬습니다. 가족을 위해 집을 구해보려고 열심히 노력하며 알아보았는데 수고했다는 말 한마디는 없고 왜 설레발을 쳐서 그 집을 알아보고 우리를 혼란스럽게 만드냐는 것이었습니다. 저는 가족을 지켜주고 돌봐주며 하루 종일 일도 열심히 해서 내가 쓰고 싶은 것도 못 써가면서 이렇게까지 노력했었는데 칭찬은커녕 원망하는 소리를 듣게 되니 순간 화가 치밀어 올라서 제 머리 뚜껑이 순식간에 열릴 정도로 분노가 차오르기 시작했습니다. 서운한 생각, 외로움, 열 받는 감정들이 저를 한꺼번에 지배하게 되었습니다. **결국, 저는 기도하여 죄를 이기고 다스릴 수 있다고 확신하며 살고 있었는데 그 영적 자신감이 무너지는 계기가 되었습니다. 정시기도만 하다 보니까 마귀는 제 주변에 어슬렁거리다가 죄가 만들어지는 상황만 되면 여지없이 그〈 죄의 틈으로 바로 확 밀고 들어오는 것 〉이었습니다. 와~~!!!** 순식간에 일어난 일이었습니다. 그 작은 틈을 밀

고 들어와서는 내 안에 약하게 찌그러져 살고 있던 본래의 악을 증폭시키는 것이었습니다. 저는 결국, 말다툼을 한 이후에 이 죄를 떨쳐 보려고 가족들을 피해서 시골로 내려갔고 며칠 동안 혼자 끙끙 앓고 있으면서 화가 난 감정을 삼켜가며 서운한 감정을 어떻게든 추슬러 보려고 노력했습니다. 이 때는 죄가 나를 지배하게 되니까 전처럼 다시 기도하기가 어려워졌고 더 정확하게 말하자면 기도 자체가 막혀 버린 느낌이었습니다. 그리고 가족으로 인하여 생각지도 못한 죄가 터져 나온 것에 대한 처절한 패배의 분노가 생겨서 당분간은 혼자 지내면서 이 못된 성질머리를 완전히 뽑아내야겠다고 굳은 결심을 했었습니다.

그러다가 제가 다시 돌아올 수밖에 없었던 한 가지 사건이 생기게 되었습니다. 그 사건은 전후 사정을 암만 들어봐도 상식에 어긋나게 생각됐고 일반적이지도 않았습니다. 솔직히 시간이 며칠 지났는데도 저는 여전히 화가 나 있었기 때문에 그 사건 자체가 하나님이 주시는 신호인지도 구분하기가 매우 어려웠지만 그냥 나를 쳐서 복종시켜 다시 집으로 돌아오게 되었습니다. 그리고는 혼자서 공원길을 걷고 있다가 기도하던 내가 아무것도 아닌 죄에 넘어진 것이 너무 분하고 원통해서 이 성냄을 어떻게든 삭혀 보려고 주위를 계속 걷고 있었습니다. **그런데 그때 저에게 확 들어온 강한 메시지가 있었습니다.** 그러니까 이 생각은 제가 매우 화난 상황에서 임한 메시지였습니다. 내가 지금까지 신앙생활하면서 노력할 수 있는 것은 다 해보았고 딱 한 가지, 정말 딱 한 가지, 하지 않는 것이 있었습니다. 그것은 바로 성경에 기록된 대로

항상 기도해 보는 것이었습니다. 하루를 살면서 정해 놓고 한 시간 기도하는 것 말고도 더 많은 시간을 정해 놓고 오래 오래 기도하는 것과 기도 시간 외에도 수시로 기도를 하며 살아가는 것을 떠올려 보았습니다. 제 마음에 다음과 같은 말이 떠올랐습니다. '이것이 마지막 내가 해 보게 될 시도가 될 것이다. 마지막으로 실천해 보지 않은 **항상 기도하는 것까지 해보고** 정말 여기까지 해 봤는데도 정 안 되면 진짜 나는 답이 없는 거다.' 이런 생각을 하고는 정말 모든 것을 다 내려놓고 〈 **항상 기도하는 것** 〉을 해보겠다고 굳게 마음 먹고 또 단호하게 대처해 보기로 하였습니다. 진짜 정말로 스스로에게 주는 마지막 기회로 여겼습니다. 항상 기도하여 죄를 이길 수 있는 마음을 단단히 먹었습니다. 가족 모르게 저 혼자서 말씀으로 기도하는 기도문을 꺼내 놓고 기도시간을 늘려 보면서 오고 가며 볼 일 볼 때도 차 안에서 **수시기도를 기도문에 있는 말씀의 원리대로 계속 해 보았습니다.**

그렇게 했더니 어떤 일이 생기냐면 죄를 지을 수 있는 모든 틈이 기도로 메워지고 철통방어가 되면서 그와 동시에 내 마음에 그냥 기쁨과 감사로 채워졌습니다. 뭔가 모를 영적인 초강력 파워를 가진 것이 '확' '확' 느껴졌습니다. 재차 말씀드리지만 저는 뭔가를 보고 들리고 하는 그런 사람이 절대 아님을 다시 말씀드립니다. 보고 듣는 것은 둘째 치고 느끼는 것조차 안 되던 영적으로 굳은살이 잔뜩 껴 있는 무딘 사람 중에 하나였습니다. 그런 제가 〈 **정시기도와 수시기도를 계속해 보니까** 〉 내 심령에 무슨 마음이 드냐면 '그래 죄들아 와 봐! 고난아 와 봐!' 이런 무대포적인 자신감이 생겼고 마음에도 무엇인가 강력한 힘이 생겼음을 느끼게 되었습니다. 아니 이 강력한 힘이 생긴 것입니다. 분명 전에는 없었던 거였습니다. 뭔가 모를 영적인 커다란 힘이 나를 둘러싸고 있었습니다. 저는 없는 것을 있다고 말하는 그런 사람이 아닙니다.

지금부터 집중해서 유심히 읽어 주시길 바랍니다. 보이지 않았지만 영적인 파워가 존재하고 있었습니다. 마치 바람이 불면 눈에는 안 보여도 내 볼에 바람결이 느껴지고 나뭇잎이 움직이는 것을 보며 알게 되는 것처럼 확실하게 무엇인가 있었습니다. **아~ 죄들을 완전히 다스리고 이기고 승리할 수 있는 영적인 느낌이 이런 것인가를 태어나서 처음으로 알게 되었습니다.** 이런 마음 상태로 있는 동안에 그 일주일을 지내면서 저를 힘들게 한 사건들이 실제로 몇 가지가 생겼었습니다. 평소 같았으면 기분이 상하고 화를 냈을 것인데 죄가 죄로 힘조차 발휘도 못하고 나에게는 그저 밟으면 그만인 작은 개미처럼 보였습니다. 내 앞에 있는 작은 개미는 나에게 할 수 있는 것이 아무것도 없지 않습니까? 도리어, 죄라는 이놈이 살고 싶으니까 내 발바닥 밑에서 슬금슬금 도망치는 것이 느껴졌습니다. 죄가 내 앞에서 아무 힘도 없고 아무것도 아닌 존재로 여겨졌습니다. 그냥 입으로 후~하고 불면 힘없이 날아가 버리는 봄철에 풍매화 꽃씨 같은 작고 가벼운 존재로만 보였습니다. 이것은 제가 믿음으로 "죄는 아무것도 아니야."라고 생각하여 개미로 본 것도 아니었고, 예전처럼 어떤 인상적인 영상을 보고 감명받아 굳건하게 마음먹고 만들어진 결심도 아니었습니다. 그냥 **말씀으로 정시기도와 수시기도를 하면서 아버지와 아들과 성령**

이 운행하여 자연스럽게 만들어졌고 내 안에 형성된 강력한 힘 자체였습니다. 그런 경험 후에 제 주변 사람들에게 제가 기도해 본 그대로를 하도록 재차 실행하여 보았고 전국에 있는 몇몇 사람에게도 기도문을 전달해 주어서 그 주변인들에게 기도문에 있는 것을 하게 만들어 보았습니다. 결론부터 말하자면 끝내주는 성과였습니다. 그야말로 환상적이었습니다. 교회를 떠난 사람들이 다시 돌아왔고 오랫동안 지속된 집안싸움이 멈추게 되었으며 긴 시간 동안 안 고쳐진 우울증이 떠나가고 심지어는 귀신들이 쫓겨 나가는 등 엄청난 사건들이 줄기차게 봇물 터지듯이 쏟아지기 시작했습니다. 이런 소식을 들을 때마다 저에게는 감격에 둘러싼 큰 충격적인 사건이 아닐 수 없었습니다. 상한 심령으로 실망 받은 자들, 하나님을 떠난 자들이 다시 살아나서 돌아오는 소식들은 계속해서 들려왔습니다.

하늘에서 우리 주님이 잃어버린 나의 양들이 돌아옴을 보시고 기뻐하시는 모습을 생각하니 내 영도 덩달아 기뻐 춤추며 눈물이 주룩주룩 흘러내렸습니다. 진짜 너무 기쁘니까 이것이 꿈인지 생시인지도 분간이 안 될 정도로 멍하니 있었습니다. 사람에게 갑작스러운 일이 생기게 되면 그냥 우두커니 서 있잖아요. 내가 무엇인가를 그토록 하려고 할 때는 그렇게 안 되더니 말씀으로 기도하는 기도문으로 일주일만 했는데도 저렇게 빠르게 심령이 변화되는 것을 보고는 기가 찼고 어안이 벙벙했습니다. 저는 이 사건을 통하여서 진짜 정말로 주님이 눈에는 보이지 않지만 실제 일하고 계시는 것을 알게 되었습니다. **내가 하는 것이 아닌 주**

님이 일하신다는 진리를 진정으로 알게 되었습니다. '아~ 내가 하면 되는 듯해도 결국은 안 되지만 주님이 하시면 무조건 되는구나!' 예전에는 그래도 '조금은 내가 한 것도 있겠지.'라는 생각도 있었으나 이제는 그런 생각이 차츰 없어졌습니다. 말씀으로 영의 기도를 하면 적어도 죄 앞에서 넘어질지라도 금세 털고 일어날 수 있는 회복탄력성이 좋아졌음을 느꼈습니다. '저 사람만큼은 안될 거야'했던 견고하게 보인 여리고 성들이 각자의 심령 속에서 와르르 무너져 내려앉는 것을 보고는 할 말을 잃어버렸습니다. 다시 말해서, 내 힘으로 무엇인가를 해보려고 하면 해도 해도 안 되지만 누구도 될 수 없다고 판단된 괴물 같은 저 사람도 말씀으로 기도하도록 하기만 하면 하나님이 그들의 심령 안에서 직접 운행하셔서 다 고쳐 놓으신다는 진리를 알게 되니 가슴이 벅차고 좋아 미칠 것만 같았습니다. 그리고 **무엇보다도 주님이 그토록 애달퍼 하셨던 잃어버린 양들이 각자의 집에서, 그 자리에서 읽는 기도문으로 주님을 다시 만나고 살아날 것을 생각하게 되니 너무 좋아서 기쁨이 임하는 것을 느꼈습니다.** 저는 드러내고 싶지도 않은 사람이고 드러내봤자 사람들에게 실망이나 안겨 줄 죄인인 것을 내 스스로가 잘 알기에 얼굴 없이도, 내가 드러나지 않아도 주님이 원하시는 영혼들을 살리는데 읽는 기도문이 큰 역할을 할 것이라고 생각하니 가슴이 터질 것만 같았습니다.

자~이제 이 간증을 읽으시고 여러분에게는 무슨 의미로 다가오셨나요? 아직까지는 여러분에게 적용되지 않은 다른 사람들의 이야기일 뿐이라고 생각하고 계신가요? 예, 맞습니다. 이것은 어디까지나 남 얘기에 지나지 않습니다. 이제는 여러분도 주님의 축복 받은 자들의 자랑을 듣고 관중석에만 덩그러니 앉아 있는 그런 사람이 아니라 **그 간증의 주인공이 여러분 자신이 될 차례**라는 것을 말씀드리고 싶습니다. 이 책을 보실 때마다 여러분의 심령에 기쁨이 차고 넘치기를 기도하고 있습니다. 이 책을 통하여 기도가 회복되어 주님과의 관계가 올바로 정립되는 순간 모든 문제가 다 해결되고 영적인 기쁨과 감사가 넘치는 여러분이 되었음을 스스로 자각 하시게 될 것입니다. **주님께서는 이 책으로 예수님의 발 없는 말이 되어 전 세계에 있는 영혼들을 직접 구원으로 인도하실 것이라는 믿음을 주셨습니다.**

지금도 우리 주님은 이 책이 여러분들에게 꼭 전달되기를 손꼽아 기다리고 계십니다. 주님께서는 모든 인류에게 "회개하여라" "천국이 가까이 왔느니라" "내가 곧 공중 강림 하리니 준비하여야 한다"고 기록된 말씀 안에서 예수님이 성령으로 임하셔서 여러분들의 각 심령에 들어가시고 그 안에서 여러분의 영을 거듭나게 만드시고 천국문으로 들어올 수 있도록 전도하고 또 전도 하시기를 원하고 계십니다. 주님의 이 큰 뜻을 이루기 위하여 저같이 기도도 못하고 환상도 못 보며 아무런 체험도 없는 나약한 자를 사용하셨습니다. **저처럼 보지 못하고 믿고 있는 양들의 답답함을 풀어주고 체험 없는 자도 얼마든지 기도하여 하늘의 영광을 얻어 존귀한 자로 여김을 받을 수 있는 소망이 생길 것을 생각하게 되니 마음에 기쁨이 생기게 되었습니다.** 저는 비록 다른 큰 교회 목사님들보다 가진 것 없고 갖추어진 것도 없으며 능력도 없습니다. 그러나 주님을 사랑하는 그 마음만은 흘러넘쳐서 저처럼 신앙생활 하다가 지치고 답답하신 분들에게 이 기도책이 시원한 냉수 한 잔이 되실 것입니다. 저는 주님의 뜻에 그저 순종하고 복종하였을 뿐입니다. 무익한 종이 되어 하여야 할 일을 했을 뿐임을 고백합니다. 읽는 기도문이 여러분의 목마른 심령에 물 한 잔이 되어 목을 축이는 책이 되기를 기도하고 있습니다.

마지막으로 이 기도문을 통하여 전에 영이 열렸던 분들은 더 쉽게 열리게 되고 잃어버린 은사나 귀한 것들을 다시 회복하시는데 작게나마 도움이 되시길 바라고 있습니다. 기도하시면서 방언이 나오게 되면 자연스럽게 방언을 하시면서 기도하셔도 됩니다. 그리고 이건 여러분들에게 희망이 되실 것 같아서 말씀드리는 것인데 이 기도문으로 기도하다가 천국집의 크기와 천국에서 받게 될 상급의 분깃이 놀랍도록 커지시길 바랍니다. 왜 이런 열매가 생기느냐면 하나님이 원하시는 **영의 기도는 주님이 받으시는 천국집을 짓는 참 재료가 되고 영의 기도로 인하여 영의 속도로 천국집을 짓기 때문에 그만큼 엄청난 속도로 여러분의 처소가 지어지기 때문입니다.** 왜냐하면 자기의로 지어지는 것이 아니라 하나님의 의로 지어지기 때문입니다. 부디, 이 기도문이 여러분들을 하늘의 존귀한 자로 만들어 주고 나라를 얻는 상급자가 되어 영원한 나라를 미리 준비하시기를 기도하겠습니다.

- 하나님의 사람 (무명 전도자) 드립니다 -

예수께서 그의 열두 제자를 부르사 더러운 귀신을 쫓아내며 모든 병과
모든 약한 것을 고치는 권능을 주시니라 마 10:1

기록문

'할렐루야! 죄를 제대로 이기는 기도'를 읽고 난 후에
느낀 점을 기록해 보세요.

_____

_____

_____

_____

_____

_____

_____

_____

_____

_____

_____

_____

_____

_____

_____

_____

예수님으로 가득찬 교회

내 생각이 예수님으로 가득 차고 내 마음도 예수님으로 가득 차기를 원합니다. 죄가 사라진 공간에 그리스도로 가득 채워지게 하소서. 내 마음이 예수님으로 가득 차서 예수님으로 살고 예수님으로 죽게 하옵소서. 오늘도 예수님을 따라 살아가고 예수님으로 연합하고 예수님의 흔적을 쌓아가고 예수님과 함께 동행하며 살아있는 믿음으로 살기를 원합니다.

예수님과 땀을 흘리고 예수님과 함께 일을 하며 예수님과 잠도 자고 예수님과 함께 눈을 뜨는 아침이 되게 하소서.
예수님의 이름으로 예수님의 마음을 담아 기도합니다.
(아멘)

항상 성령 안에서 기도하라

[에베소서 6:18]

기도문 안내

너희를 위하여 성소와 지성소를 구분하리라
너는 지성소에 있는 증거궤 위에 속죄소를 두라
[출 26:33-34]

내가 생각해 본 세 가지 기도

◆

이르시되 기도 외에 다른 것으로는
이런 종류(귀신 쫓는 능력)가 나갈 수 없느니라 하시니라
=오직 기도만이 귀신 쫓는 능력이 나타날 수 있느니라 막 9:29

제가 생각해 본 기도에는 세 가지 종류가 있습니다. 첫 번째는 육의 기도(생각의 기도=혼적인 기도=정욕을 위한 기도=눈에 보이는 것만을 위한 기도=감정적인 기도=한풀이 기도=푸념의 기도=종교적인 기도=행함 없고 마음 없는 기도)이고 두 번째로는 영과 육의 혼합기도입니다. 그리고 세 번째가 바로 영의 기도가 있습니다. 세 가지 기도의 공통점은 하나님이 다 듣고 계신다는 사실입니다. 그리고 세 가지 기도는 기도한 것이 소멸되지 않거나 절대로 사라지지 않는다는 것입니다. 즉, 하나님만이 알고 계시는 어느 특정한 장소에 여러분이 기도한 내용을 영원토록 보관하고 계신다는 것입니다. 육의 기도는 빛없고 어두컴컴한 곳에, 영의 기도는 찬란한 빛 가운데에 보관되고 있습니다. 왜냐하면 우리 **주님은 정확한 기도의 공적에 따라 영의 일을 계획하시고 영적인 일을 하시기 때문입니다.** 그리고 하나님께서 일을 하시려면 기도의 근거가 있어야 하고 기도의 자료가 남아 있어야만 주님의 계획과 뜻을 이뤄 나가실 수 있기 때문입니다.

육의 기도

육의 기도는 하나님의 보좌 앞 거룩한 금 제단에 결코 상달되지 못하는 허공만 치는 헛된 기도입니다. 육의 기도는 아무리 많이 해도 죄를 이기고 다스릴 수 없는 기도입니다. 그렇기에 육의 기도는 하면 할수록 사탄이 붙잡고 기도하게 만들어 놓기 때문에 자기중심적인 기도가 쌓여서 결국은 **종교적인 괴물**로 만들어 놓게 됩니다. 사실 이것은 무시무시한 결과적 산물이 아닐 수 없습니다. 그러나 더욱 비참하고 안타까운 것은 육의 기도를 하는 자들은 본인이 어떤 죄를 짓고 있는지조차 모르고 교회에 출석하고 있으므로 상대방의 죄에는 눈을 크게 뜨고 바라보지만 정작 자신에게는 그렇게 하지 못합니다. 그들이 지금까지 쌓아온 성경지식은 타인을 비판하고 정죄하는 도구로 사용하며 살아갑니다. 물론, 육의 기도도 하나님은 때에 따라 그 영혼을 급한 대로 살리시기 위해서라도 응답해 주실 수가 있으십니다.

가령, 일도 열심히 하지 않는 우리 아들에게 "물질의 축복 좀 주세요!" 이 기도를 하게 되면 분명히 자기중심적인 기도이고 정욕의 기도인 것은 맞습니다. 하지만 주님은 이 기도가 육의 기도인 것을 알고 계셔도 돈이 바닥나면 돈 때문에 근심 걱정 하다가 주님을 떠날 수도 있게 되므로 황급히 육의 기도라고 할지라도 응답을 해 주실 수도 있는 것입니다. 자기의 기도를 들어 주지 않았다며 돈 문제 때문에 원망하며 한 명의 영혼이 실족되는 것보다 육의 기도를 응답해 주심으로써 구원에 이르는 회개가 될 수 있도록 **회개할 수 있는 기회의 시간을 연장해 주시는 것이지요.** 그렇기 때

고난의 빛   65

문에 육의 소원을 위해 기도하였는데도 바로 응답받고 축복 받았다며 자랑하고 다니는 행동은 하나님의 깊으신 사랑을 전혀 모르고 경솔하게 움직이는 것이나 다름없는 철부지 어린아이와 같은 것입니다. 그렇기 때문에 육의 기도를 하는 사람은 이래나 저래나 항상 죄를 짓게 되는 상황적인 죄의 문에 직면 할 수밖에 없는 곳에 이르게 됩니다. 그 뿐만이 아닙니다. 육의 기도를 하면 그 기도의 재료가 하나님이 받으시는 번제의 향기가 되지 못하기 때문에 천국집을 짓는 재료로도 절대로 사용되지 못한다는 것입니다.

왜 못 짓느냐고요? 그야 천국은 영의 나라인데 어떻게 육의 재료로 천국집을 지을 수 있겠나요? 그러면 육의 기도라고 할지라도 안하는 것보다는 낫냐구요? 그에 대한 대답은 NO~입니다. "너희가 많이 기도할지라도 내가 듣지 아니하리니 (사1:15)" 육의 기도를 하는 사람들의 특징은 대부분이 다른 사람들의 말을 귀담아 듣지 않으므로 내면에는 교만함이 자리 잡고 있습니다. 그렇기에 이들이 하는 봉사나 헌신과 기도를 하나님이 응답해 주실 리 만무합니다. "모압이 그 산당(높은 장소에 세워 놓은 야외의 제단)에서 피곤하도록 봉사하며 자기 성소에 나아가서 기도할지라도 소용없으리로다 (사16:12)" 이 말씀을 이해시켜 드리는 것은 매우 쉽습니다. 여러분이 누군가와 대화를 할 때 상대편이 자꾸 딴소리를 계속한다면, 그리고 나에게 듣기 싫은 소리만을 자꾸 한다면, 여러분은 그 대화를 이어나가시겠어요? 아마도 더 이상 듣고 싶지 않으실 것입니다.

영과 육이 섞여 있는 기도

두 번째로는 영과 육이 섞여있는 기도입니다. 이 기도는 쉽게 말해서 되다 말은 기도이기 때문에 어떤 것은 하늘에 상달되고 또 어떤 때는 상달 되지 못하여 땅에 떨어지고 말게 되는 기도입니다. 밥은 밥인데 반은 익었고 나머지 반은 설익은 밥이어서 실제 우리가 먹기에도 매우 꺼려지는 불편한 밥이 되는 것이지요. 그나마 반과 반이 분리 되어 있으면 익은 밥이라도 시식 할 수 있어 좋으련만 덜 익은 밥과 익은 밥이 뒤섞여 있어서 결국은 둘 다 먹지 못하고 버리게 되는 상황이 오게 됩니다. 그러므로 이러한 부류의 신앙생활은 세상 반, 주님 반을 오가며 필요에 따라 옮겨가는 사람들의 무리로 만들어 지게 됩니다. 만약 이런 사람들도 주님의 은혜 가운데 천국집을 짓는다고 하면 어떤 일이 발생할까요? 아마도 아주 오랜 시간에 걸쳐 매우 작은 집을 짓거나 설령 짓는다고 하더라도 자신의 교만한 죄로 인하여 부서지고 다시 세우고 또 부수고 하는 등 쓸데없이 사용되는 영적 소모전을 많이 하게 되는 경우가 될 것입니다.

"여호와께서는 교만한 자의 집을 허시지만 과부의 밭은 지켜주신다 (잠15:25)"고 말씀하셨습니다. 세상 반, 신앙 반을 가지고 믿음 생활을 하게 되면 우리가 상식적으로 생각하는 것과는 다르게 적용됩니다. 다시 말해서, 영의 원리는 세상의 원리와 완전히 다르게 나타납니다. 겉으로는 반 대 반으로 보일지라도 나머지 반이 세상이면, 나머지 반의 영적인 부분도 세상의 영향을 지속적으로 받게 되므로 필경은 그나마 남아있는 영적인 나머지 반도 세상의 반쪽으로 흘러 들어가서 죄의 힘이 더 커지게 됩니다. 이는 마치 삼투압의 원리와도 같습니다. 농도가 낮은 쪽에서 높은 쪽으로 이동하는 것처럼 이 땅에서는 죄의 농도가 더 높게 나타나기 때문에 낮은 영의 농도는 죄의 농도가 높은 쪽으로 이끌려 가도록 되어 있습니다. 힘이 작으면 큰 힘이 있는 쪽으로 끌려갈 수밖에 없습니다. 이것은 세상 살면서 당연한 이치이지요. 그러니까 사도 바울도 자신을 한탄하면서 자기가 원하는 선은 행하지 않고 도리어 원하지 않는 죄악된 행동을 하는 자기를 보며 탄식하는 것을 보게 됩니다. 이것 말고도 여러분들에게 이 말을 이해시키는 일은 다른 예를 들어봐도 간단합니다. 가령, 사과 반쪽이 썩었다고 생각해 보세요. 그 사과를 놔둔 채 아무것도 하지 않고 그대로 두면 썩은 부분이 썩지 않은 부분까지 오염시켜 결국은 안 썩은 부분까지도 모조리 다 썩게 만들어 버리게 될 것입니다. 지금 여러분들께 말씀드리는 이 원리를 유심히 잘 생각해 보신 후 본인의 신앙에다 객관적으로 잘 적용해 보시기를 권면해 드립니다.

우리는 성경 마지막 부분인 계시록에 기록되어 있는 말씀을 주목해 보아야 합니다. 미지근하면 주님이 토해 버리겠다고 말씀하시는 것은 뜨겁지도 차지도 아니하니 결국은 "버림받게 될 것이다"라는 의미로 일맥상통하게 됩니다. 죄에 따라 세상적인 가치관으로 살게 되면 예배 시간에 배운 성경지식이 본인의 삶과 일치가 되지 못하게 되므로 어쩔 수 없이 자기방어를 해야 하기 때문에 거짓되고 위선되며 속이는 삶을 살아갈 수밖에 없게 됩니다. 주변 사람들은 내가 교회 다니는 것을 다 알고 있을 테고 지금까지 내가 쌓아 놓은 이미지가 있으므로 그것을 지키려면 거짓을 사용하는 방법 외에는 달리 다른 방법이 없게 되는 것이지요. 더 쉽게 말해서 스스로 자기 합리화하면서 죄와 타협하며 죄를 자기에게 유리한 방향으로 만들어 나가게 되는 것입니다. 제가 생각하기에 세상 반, 주님 반, 이렇게 믿음생활 하는 사람은 모래알과 같이 수도 없이 많으리라 생각됩니다. 양쪽을 오가며 저울질하는 이런 부류는 영적 시한폭탄을 가슴에 안고 살아가는 가장 지혜롭지 못한 무리입니다. 이런 분들에게 갑작스러운 종말이 찾아 왔을 때를 생각해 보시기 바랍니다. 생명을 다하는 순간 세상적인 가치관을 가지고 있기 때문에 매우 짧게 주어지는 죽음의 순간에 이 죄를 해결 받는 것은 사실상 불가능하고 역부족이 됩니다. 따라서 대부분의 사람들은 지옥에 떨어질 영적 위험성이 매우 높아지게 됩니다. 더군다나 죽어가는 그 짧은 시간에 회개 할 수 있도록 마귀도 가만히 있지만은 않겠지요. 어떻게든 지옥으로 끌고 가려고 최악의 마지막 발악을 하지 않겠어요?

그러나 저는 그럼에도 불구하고 이 분들의 입장을 충분히 이해하고 공감할 수는 있습니다. 이분들이 생각하기에 본인의 가치관을 세상 쪽으로 발을 반 담가 놓고 살아가지 않으면 자신이 너무 억울하고 답답해서 죽을 것만 같다고 생각하고 있을지도 모릅니다. 죄에 대하여는 죽어야 하고 의에 대하여는 살아야 하는데 죄에 대하여 죽기가 여간 쉽지가 않으므로 회색지대에 있는 사람들입니다. 이런 분들을 위하여 진정 반가운 소식이 있습니다. 그것은 바로 세 번째로 정의되는 영의 기도입니다.

영의 기도

영의 기도로 진입하시면 **영혼이 영적인 힘을 받아 세상적인 가치관을 떨쳐 낼 수 있는 힘이 부여됩니다.** 죄를 이기고 다스릴 수 있도록 만드는, 하늘로부터 내려오는 강력한 영적인 힘... **영의 기도는 공중권세 잡은 마귀를 제압하고 그가 던져주는 세상쾌락과 가치관을 넉넉히 다스리고 이길 수 있게 되는 것입니다.** 이러한 이유로 인해 읽는 기도문은 미지근한 신앙을 가진 분들에게는 결정적으로 큰 도움을 줄 것입니다. 왜냐하면 읽는 기도문 안에는 말씀이 녹아져 있고 성령께서 여러분 마음을 주장하시게 되고 성령으로 충만해 있으면 나머지 세상의 반은 힘을 잃고 더 강력해진 영의 반쪽으로 합쳐지게 될 것이 분명하기 때문입니다. 어떻게 그럴 수가 있냐구요? 사람은 무엇이 더 좋고 고귀한지를 스스로 판단할 수 있는 주님의 형상으로 지어진 피조물이므로 성령께서 영의 눈과 귀를 열어 주시는 순간 세상 것과는 비할 바도 되지 못하는 영원한 것을 붙잡으려는 영적인 본능 (하나님이 영원을 사모하는 마음을 주셨느니라-전 3:11)이 있기 때문입니다. 모르니까 속는 것이고 인지하지 못하니까 끌려가는 것입니다.

설령, 알고 있을지라도 이길 수 있는 힘이 상대적으로 적으면 죄에 넘어지고 빼앗기는 것입니다. 이처럼 능히 죄를 다스리고 이길 수 있다는 진리를 이루기 위해서는 **말씀으로 기도**하는 영의 기도가 매우 중요한 역할을 하게 됩니다. 만약 여러분이 어떤 예배나 부흥회나 새벽기도를 하신 후에 가족들과의 다툼이 쉽게 발생된다면 그것은 화나는 감정을 다스리고 통제하지 못해서 생기는 결과론적인 죄입니다. 내 영이 그만큼 성냄의 죄를 이기지 못한 결과의 반증은 평소에 영의 기도를 하지 못해서 마음에 있는 내 영이 힘을 발휘하지 못하여 죄를 대항하는 **영적인 근육**이 생기지 않았다고 보시면 됩니다. 전신갑주를 입지 않은 영은 아무리 은혜가 되는 예배를 드렸다고 할지라도 죄 가운데 금세 넘어지고 마는 것입니다. 간혹 부흥회를 하는 도중에 강사 목사님이 은혜가 많은 곳에 마귀의 시험이 올 수 있으니 주의하라고 당부하는 경우를 종종 보게 됩니다. 사실, 영의 기도를 평소에 쌓아 놓은 사람은 죄가 나타날지라도 요동하지 않기 때문에 받은 은혜를 한 방울도 쏟아 내지 않습니다. 그러니 여러분은 꼭 자기의 기도를 정확하게 점검해 보시고 지금부터라도 살아있는 **영의 기도**를 하셔야만 하나님이 기뻐하시고 받으시는 향연(기도의 연기)이 될 수 있는 것입니다.

　영의 기도는 내 안에 계신 성령께서 거룩한 영으로 오셔서 성령님이 직접 이끄시는 기도를 말합니다. 나에게 붙어 있는 이 끈적끈적한 죄들을 애써 버티고 참아가며 바꾸려하지 않아도 성령님이 내 안에서 직접 다스리게 되어 고통스럽거나 애통해 하지 않아도 됩니다. 그러니 매일 매일을 기도하는 영의 사람이 되어 너무도 자연스럽게 살아 갈 수 있게 되는 것입니다. 우리가 하루도 빠짐없이 밥을 먹을 때는 굳이 애쓰고 힘써서 먹지 않습니다. 어느 누가 밥을 먹을 때 애쓰고 힘써서 억지로 먹겠나요? 내 몸을 위해 그저 자연스럽게 먹는 것처럼 **영의 기도 또한 내 영을 기도와 말씀의 양식으로 먹여가며 성장하게 만드는 너무도 지극히 자연스러운 영적인**

행위인 것입니다. 영의 기도를 통하여 내 안에 계신 성령님이 기도의 불을 붙이시면 〈 **말씀으로 기도하는 모든 것들이 성령과 말씀이 하나가 되어 운행하시게 됩니다.** 〉 그렇게 되면 기도를 못했던 사람들도 누구나 기도가 쉬워지고 심지어는 오래 할 수도 있으며 **기도하는 심령에 기쁨과 감사가 넘쳐서 참 만족을 계속 느껴가면서 기도 하실 수 있게 되는 것입니다.** 가령, 잘 뛰지도 못하는 한 사람이 있다고 가정해 보세요. 이 사람을 실어 나를 수 있는 자동차만 있다면 잘 뛰지 못하는 사람도 자기가 원하는 목적지로 손쉽게 도달 할 수 있게 되는 것 아니겠어요? 마찬가지로 읽는 기도문을 가지고 기도의 차에 올라타시기만 하면 성령께서 기도의 시작을 알리시고 말씀으로 기도하기 때문에 하늘에 상달되는 기도를 하게 될 수 있습니다. 진짜 여러분들도 누구나 다 됩니다. 사람은 그 안에 본인의 영을 가지고 있으므로 영의 기도는 성령께서 내 영을 만지시고 운행하시고 다스리는 과정이여서 다 적용이 됩니다.

　　마치 이차 방정식을 풀어내는 동안에 인수분해가 안 돼서 쩔쩔매고 있을 때에는 근의 공식에 대입해 보면 엑스의 값을 다 찾아 낼 수 있는 원리와도 같습니다. 이차방정식이면 근의 공식에 다 대입하여 해답을 찾을 수 있는 것과 같이 사람이면 누구나 영이 존재하고 있으므로 **영의 기도는 모두에게 적용된다는 것입니다.** 그래서 **성령기도→보혈기도→대적기도→회개기도**는 영적인 공식과도 같은 **일반화된 기도의 순서로 이해**하시면 쉽게 와 닿으실 겁니다. 이것을 성령님이 저에게 하나씩 깨닫게 해주셨고 체계적으로 읽는 기도문 책을 편찬하여 이해 하도록

〈 기도의 모형 〉을 성경에 기록되어 있는 성막기도의 원리를 제시
할 수 있게 은혜를 주셨습니다.

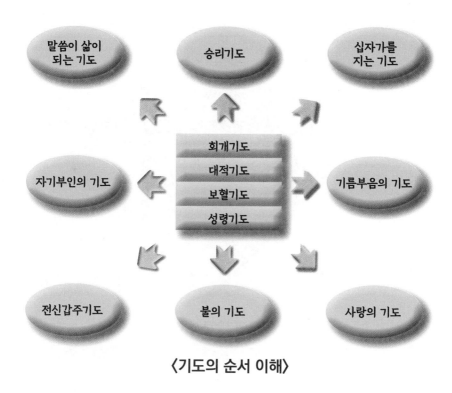

<기도의 순서 이해>

기도의 순서 이해

　성령기도 → 보혈기도 → 대적기도 → 회개기도가 완료되면
타원 안에 있는 어떤 기도를 하여도 더 깊은 기도의 경험을 해 볼
수 있게 됩니다. 4단계의 기도 과정 후에 하는 기도는 어떤 제목
을 가지고 기도를 하여도 말씀을 기준으로 살고 싶고 말씀을 따
르고 순종하고 싶어지는 영의 기도가 되는 것을 깨닫게 됩니다.
아무리 육의 기도처럼 보이는 기도제목도 이미 영으로 심령의 변

화를 만들어 기도하는 것이 되므로 영의 기도로 간구하시는 것이 됩니다.

〈기도의 단계적 이해도〉

기도의 단계적 이해

성령기도 → 보혈기도 → 대적기도 → 회개기도 후에 더 깊게 기도하는 기름부음의 기도, 전신갑주, 말씀이 삶이 되는 기도, 불의 기도에 진입할 수 있게 됩니다. 성령님과 내 영이 완전히 혼연일체가 되어 더 깊은 기도의 경지에 이르게 되고 더 나아가서는 자기부인의 기도를 이루어 낼 수 있는 지성소 기도에 진입하는 것을 본인 스스로가 깨닫고 알게 됩니다.

이 단계는 보좌 앞 기도의 향연에서도 하나님이 기쁨을 이기지 못하실 정도로 "여호와의 마음에 가장 합한 기도"를 올려 드릴 수 있게 되는 것이라고 생각하시면 쉽게 이해 되실 것입니다. 하나님이 흠향하시고 가장 기뻐하는 기도라고 할 수 있습니다. (단, 신부단장 기도는 나는 없고 오직 그리스도의 마음으로 살아가는 기도이므로 신부단장 기도책에서 더 자세하게 다뤄 드리도록 하겠습니다.)

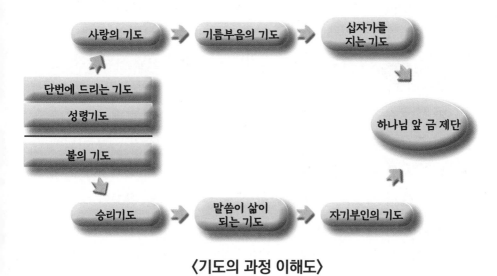

〈기도의 과정 이해도〉

기도의 과정 이해

성령기도와 단번에 드리는 기도를 통해 영의 기도로 진입하여 깊고 깊은 자기부인의 기도까지 드릴 수 있는 기도의 절차적 순서를 제시해 봅니다. 또는 불의 기도 후에 바로 승리 기도를 넘어서서 깊은 단계인 자기부인의 기도까지 올려 드릴 수 있는 기도입니다. 본인이 위쪽 방향으로 가든 아래쪽 방향으로 가시든지 직접 해 보신 후 더 빠르고 쉽게 뚫리는 영의 기도길로 진입하시면 됩니다.

성령의 힘으로 기도하는 모든 것은 하나도 빠짐없이 **하나님의 보좌 앞 금 제단**에 부어지게 되고 여러분의 기도가 천국집을 지어주는 아주 귀한 영적인 재료가 될 것입니다. 영의 기도는 그의 나라와 의를 위하는 기도가 되므로 그의 나라는 성도들의 연합된 공동체요, 그의 의는 모든 말씀으로 이루어지는 하나님의 계획이 됩니다. 성도들이 모여 하나 됨을 이루는 것은 보혈의 권세로 구원받게 될 영혼들을 뜻하는 것입니다. 따라서 주변 사람들과 민족들과 더 나아가서는 전 세계에 있는 영혼들을 위하여 중보기도 할 때에 우리 주님께서는 매우 기쁘시게 흠향하시고 빠르게 응답해 주시는 것입니다. 영의 기도로 천국의 처소를 짓는 것 이외에도 거처를 위한 집을 짓는 보석이 다시금 세상에 뿌려지게 되어 이 땅에서 기도의 응답을 받아 성도로서 누리는 영적인 특권도 덧입을 수 있게 됩니다.

이 원리는 주기도문에서 나온 그대로 **"하늘에서 이루어진 것이 땅에서도 이루어지는 영적인 원리"**가 되는 것이지요. 그러니 영의 기도를 하게 되면 얼마나 좋겠어요? 하늘에서는 하나님이 영광을 받으시고 천국의 집 재료가 되고 빛나는 상급이 되어 존귀로 남게 되고 땅에서는 그의 나라와 의를 이루는 기가 막힌 응답이 되어 내려오는 이 놀라운 영의 기도... 너무도 기대되고 신나지 않나요?~ ♪♬ 이런 영의 기도를 어떻게 쉴 수가 있겠으며 기도 쉬는 것을 과연 생각조차 할 수 있을까요? 아마도 이 사실을 아는 순간 기도를 계속 하고 싶고 또 기도의 단맛을 항상 느껴 보고 싶을 것입니다. 퍼도 퍼도 끊임없이 계속 나오는 영의 기도는 마르지 않는 샘물과도 같은 하늘의 소망입니다. 하나님이 주시는 말씀을 여러분의 영이 아주 맛있게 먹고 새 힘을 얻어 자라나고 성장하시길 바랍니다. 어떠세요? 보이지는 않지만 확실한 내적 증거를 가지고 실천하는 영의 기도를 여러분의 것으로 영원히 만들고 싶지 않으세요? 영의 기도가 이제는 여러분의 오른손에 성령의 검이 되어 쥐어지게 됩니다. 기뻐하고 기뻐하며 기대하고 기대해 보세요! 이것은 장차 여러분의 삶에 미치게 될 엄청난 사건이 되실 것입니다.

그러므로 여러분께서는 **정시기도와 수시기도를 영의 기도로써 채워 놓으실 때마다〈 심령의 안정과 평안이 넘치게 되어 참 만족을 〉얻으실 수 있게 됩니다.** 기쁨과 감사가 여러분의 영혼을 휘감고 있고 마음에 진정한 만족이 찾아오면 모든 인생의 문제는 더 이상 문제가 아닌 먼지보다 못한 가벼운 것으로 종결짓게 됩니다. 그로 인해 상황과 환경이 바뀌지 않았는데도 내 심령에 있는 상황과 환경이 이전과는 전혀 다른 강력한 힘으로 덧입혀지고 부어졌기 때문에 눈에 보이는 상황과 환경에서 오는 염려도, 근심도 다 사라지게 되는 것입니다. 즉, 죄로 인해 나를 짓누르는 힘은 서서히 없어지고 소멸 되게 되는 것이지요. 여러분, 저는 죄에서 벗어날 수 있는 최고의 영적인 기도는 바로 말씀으로 기도하는 것임을 직접 기도하면서 겪어 보았습니다. 제가 경험한 것이 지극히 주관적이기는 하나 여러분들에게도 실제 적용되어 함께 누리고 함께 좁은 길을 걸어가는 성도가 되기를 바랍니다.

이 엄청난 영의 기도를 여러분의 것으로 취하십시요!

믿음으로 거저 가져 가십시요!

여러분의 영이 풍족한 양식을 보고서는 아주 기뻐하며 춤을 추시게 될 것입니다.

여러분의 영을 위해 그저 읽기만 해보세요!

그냥 편하게 읽으시면 됩니다.

그저 작은 소리를 내어 주님과 대화하듯 읊조리기만 하시면 됩니다. 그 소리가 여러분의 귀에 들려서 듣고 믿는 믿음이 되고 그 소리가 믿음의 양식으로 공급될 것입니다. 여러분이 읽으실 때마다 여러분의 영이 하늘의 양식을 아주 맛나게, 너무 행복하게 먹게 될 것입니다.

자~~오늘도 읽는 기도로 여러분의 영에게 하늘의 진미를 맛보게 해 보실까요?^^ 자아~~이제 시작해 보세요!

영. 의. 기. 도 !

사랑하는 자들아 너희는 너희의 지극히 거룩한 믿음 위에 자신을 세우며

성령으로 기도하며 유 1:20

그러면 어떻게 할까 내가 영으로 기도하고 또 마음으로 기도하며 내가

영으로 찬송하고 또 마음으로 찬송하리라 고전 14:15

💎 기록문

'내가 생각해본 세 가지 기도'를 읽고 난 후에 느낀 점을 기록해 보세요.

_____

_____

_____

_____

_____

_____

_____

_____

_____

_____

_____

_____

_____

_____

_____

_____

_____

_____

_____

_____

_____

말세에 누구나 성령의 능력을 받는 방법

하나님이 말씀하시기를 말세에 내가 내 영을 모든 육체에
(all people) 부어 주리니 너희의 자녀들은 예언할
것이요 너희의 젊은이들은 환상(visions)을 보고 너희의
늙은이들은 꿈(dreams)을 꾸리라 (행 2:17)

말세에 누구나
성령의 능력을
받는 방법

하나님이 그 분의 영을 모든 육체에 부어 주신다고 하셨는데
왜 예언과 환상과 꿈을 꾸는 자들은 모두에게 나타나지 않는 걸
까요? 위에 있는 이 말씀을 읽으시면서 저와 같은 생각을 해본 적
있으신지 여러분께 질문해 봅니다. 그렇다면 왜 하나님의 영이 모
든 사람에게 부어졌을 때 어느 특정한 사람에게만 이러한 능력이
나타나게 되는지 깊이 묵상해 볼 필요가 있습니다.

하나님이 성령을 부어 주셔도 우리는 성령님이 운행하시고
일하실 수 있는 영적인 상황과 조건을 만들어 드리는 것이 우선
해야 할 일 입니다. 먼저는 성령을 담을 마음의 그릇이 필요하고
그 다음으로는 성령님이 선하게 운행하실 수 있는 내면의 거룩함
이 필요합니다. 다음에 있는 말씀을 깊이 묵상해 보시면 힌트를
찾을 수 있을 것입니다.

"태초에 하나님이 천지를 창조하시니라 땅이 **혼돈**하고 **공허**하
며 **흑암이 깊음** 위에 있고 **하나님의 영은 수면 위에 운행하시니라**"

(창1:2) 이 말씀에 중요한 영적인 해답이 숨겨져 있습니다. 여기서 혼돈은 막 뒤섞여 있어서 갈피를 잡을 수 없는 상태를 말합니다. 예를 들어, 우리가 혼돈의 시대에 살고 있다고 말하는 그 혼돈이란 단어와 동일하게 사용합니다. 창세기에서의 혼돈은 하늘과 땅이 아직 나누어지기 전의 상태를 의미합니다. 이 시기에 하나님의 영이 수면 위에서 맴돌고 있었다고 기록되어 있습니다. "운행하시니라"라는 말씀은 영어성경에서 "hover"로 표현되며 그 뜻은 "공중에서 맴돌고 있다"입니다. 그러니까 하나님의 영이 수면 위로 오셔서 공중에서 과거진행형으로 창조가 시작되기 전에 계속 맴돌고 있었다는 것입니다.

하나님의 영이 수면 가까이 오셨음에도 무엇인가를 바로 시작하지 않으시고 공중에서 계속 어떻게 운행하실지 맴돌고 있었다는 의미가 됩니다. 왜 그러셨냐면 하나님이 원하시는 영적인 상황과 영적인 조건을 이루기 위한 아무런 **준비가** 되지 않았기 때문입니다. 일을 하시기 위해 바로 하나님의 음성이 이 지상 최초로 선포되는 순간이 있었습니다. 그 말씀은 평서형 문장이 아니고 청유형 문장도 아닌 바로 명령형 문장이었습니다.

주의 성령이 운행하시기 위하여 첫 번째로 하신 일은 창세기 1장 3절 말씀에 "하나님이 이르시되 〈 빛이 있으라 〉 하시니 빛이 있었고"라고 기록 되어 있습니다. 땅이 혼돈하고 공허하며 흑암이 깊음 위에 있을 때 하나님은 가장 먼저 하신 말씀은 "빛이 있으라"고 말씀하셨다는 사실입니다. 이 빛이 비치기 시작하면서 어떤 일이 발생했냐면 땅이 혼돈하고 공허하며 흑암이 깊음 위에 있는 생명 없는 상황에서 하나님이 보시기에 좋으신 뜻대로 생명력 있는 환경으로 하나씩 지어나가시고 만들어 가기 시작하셨습니다. 무엇으로요? 바로 **말씀**입니다.

이 말씀을 영의 눈으로 보면서 영의 생각을 적용해 보면 이해하기가 더 수월해 집니다. 여기서 땅을 우리의 몸으로 비유해 본 다음 혼돈하고 공허하며 흑암이 깊음 위에 있는 것을 내 마음의 상태로 보면 쉽게 이해하실 수 있습니다.

말세에 하나님이 하나님의 영을 모든 육체에 부어 주신다고 말씀하셨는데도 우리의 마음은 여전히 혼돈하고 우리의 마음은 아직도 공허하며 우리의 마음은 과거나 현재나 동일하게 흑암이 깊음 위에 있는 상태에 있다면...

하나님의 영이 수면 위에 계속 맴돌고 계신 것처럼 모든 인류의 머리 위까지 오시긴 하셨지만 성령님이 공중에서 계속 맴돌고만 계신다면... 이런 상황은 우리의 마음에서 하나님이 일하실 수 있는 영적인 조건이 되지 못하니까 임재하실 수 없게 되는 것입니다. 왜냐하면 땅의 흙으로 창조한 사람들의 마음이 시대적 풍조에 물들어 완전히 혼돈되어 있고 그 마음이 무엇으로도 채울 수 없이 공허하며 그 마음에는 어두움보다 더 짙은 흑암의 깊음 위에 있으니 하나님의 영이 임재하실 수가 없는 것입니다. 하나님은 거룩의 본체시요, 거룩의 처음과 끝이 되십니다. 하나님은 우리에게 하나님의 속성인 자유를 가장 큰 선물로 주셨지만 그 자유를 거룩한 가운데 하나님께 드리지 않고 세상이 주는 쾌락의 종에게 내어 주었고 그로 인해 마음이 온통 죄로 오염되고 죄로 물들어 있게 되었으니 말세에 아무리 모든 인류에게 하나님의 영을 부어 주신다한들 받을 자가 없거나 간혹 있다고 할지라도 극소수에 불과하다는 것입니다. 그러므로 혼돈되고 공허하며 흑암이 깊은 심령에 하나님이 **생명의 빛**을 비춰 주시면 **성령께서 운행하실 수 있는 최고의 영적 환경**이 되는 것입니다.

다시 말해서, 성령께서 하나님의 뜻대로 일하기 시작할 수 있게 되는 것이지요. 하나님은 말씀하셨습니다. "내가 의인을 위하여 **빛**을 뿌리고 마음이 정직한 자를 위하여 기쁨을 뿌려 주신다." (시 97:11) 그 빛이 바로 누구십니까? 그 살아 계신 빛으로 오신 자가 누구십니까? 그 분은 저와 여러분을 구원하시기 위해 이 땅에 몸소 오신 예수 그리스도이십니다. 이 땅이 죄 가운데 혼돈되고 텅 빈 것과 같이 공허하며 죄의 흑암이 깊어서 만물 위에서 하나님의 영이 수많은 선지자들을 통하여 공중에서 계속 맴돌면서 끊임없이 오신다 오신다 말씀하셨던 것입니다. 그러나 세상에 있는 사람들이 준비가 안 되어 있으므로 공중에서만 계속 운행하고 계셨다가 드디어 하나님의 말씀이 성령으로 잉태되어 사람의 모습 가운데 예수님이 직접 오신 것 입니다. 그 예수 그리스도께서 우리에게 참 빛으로 찾아 오셨습니다. 저와 여러분의 심령에...

그러나 빛이 세상에 왔으되 사람들이 자기의 행위가 악하므로 빛보다 어둠을 더 사랑하였고 빛을 미워하였다고 성경은 증언하고 있습니다. 여기서 어둠이 영어로 darkness 입니다. 즉, 창세기 1장 2절에 나온 그 흑암이라는 단어와 동일하게 쓰인 어휘입니다. 빛이 왔어도 내 마음이 어두우면 흑암의 깊은 암막 커튼

이 내 마음을 두껍게 가리고 있기 때문에 그 빛이 내 심령에 들어오지 못하게 되는 것입니다. 사람들의 마음이 혼돈하고 공허하며 흑암이 깊어 있으면 말세에 아무리 하나님의 영을 모든 사람들에게 부어주셔도 그 능력이 부어 준대로 모든 사람들에게 나타나지 않는다는 사실입니다. 그러나 진리를 따르는 자, 말씀을 순종하여 따르는 자는 진리와 말씀이 빛이 되어 살아갑니다. 그 행위가 하나님 안에서 행한 것이 되어 다시 빛이 되고 빛을 나타내며 빛의 삶으로 살아가는 사람이 있습니다. 바로 이런 사람들에게 하나님의 영이 임하여 예언하고 환상을 보며 꿈을 꾸는 것입니다. 하나님의 영이 임하는 영적인 상황과 조건은 **마음이 혼돈하지 않고 공허하지 않으며 흑암이 깊어 있지 않는 사람**에게 하나님의 영이 부어지게 되는 것입니다. 예수님을 내 마음에 온전히 영접하여 말씀의 빛을 비추는 자에게는 생명의 빛, 영생의 빛을 비추는 하나님의 영이 내 안에 오셔서 운행하실 수 있는 영적인 조건이 되는 것이지요. 예수께서 이르시되 "내가 세상에 있는 동안에는 내가 세상의 빛이니라"(요 9:5) 그러니까 예수님이 빛이 되셔서 몸소 이 땅에 오신 것입니다. 우리에게 비춰주시려고...

내가 너희에게 새 계명을 쓰노니 이는 어둠이 지나고 **참빛**이 벌써 비침이니라 (요일 2:8) 하나님이 우리에게 은혜를 베푸사 복을 주시고 하나님의 **얼굴 빛**을 우리에게 비춰주신다고 말씀하셨습니다. 주의 얼굴빛을 우리에게 비춰 주시면 우리가 구원을 얻게 된다고 성경은 말하고 있습니다. 어두운 데에 빛이 비치라고 말씀하셨던 그 하나님께서 **예수 그리스도의 얼굴**에 있는 **하나님의 영**

광을 아는 빛을 우리 마음에 비춰 주셨기 때문에 **하나님의 영**이 내 마음에 오셔서 운행하시기 시작하신다는 것입니다.

성령께서 운행하시기 위하여 첫 번째로 하신 일은 "빛이 있으라"라고 말씀하신 것입니다. 즉, **말씀이 빛**입니다. 그 예수님이 말씀으로 기록되어 말씀과 함께 성경 안에서 말씀으로 나타나시고 운행하시기 위하여 지금도 일하고 계신다는 진리를 우리는 알아야 합니다. 예수님이 성령이 되셔서 말씀에 계십니다. 그러니까 성경은 하나님이 우리에게 천국과 지옥을 알리기 위해 쓰신 목적도 있지만 **하나님이 기록된 말씀으로 일하시기 위하여** 말씀을 성경에 써놓으신 것도 중요한 영적인 이유가 됩니다. 그 하나님의 영이 말씀 위에 말씀을 세워 놓으시고 이 말세에 내 심령 안에서 운행하기를 원하십니다. **그러므로 말씀으로 기도하는 것은 말씀의 빛이 내 혼돈된 마음에 비추게 하고 공허한 마음 안에 비추게 하여** 흑암이 깊고 어두운 내 마음을 비춰서 하나님의 영이신 성령님이 하나씩 만들어 나가시기를 원하고 계십니다.

어두웠던 내 마음에 말씀의 빛으로 오시면 우리가 말씀을 받아 믿음으로 선포하고 기도하여 내 머리 위에서 맴돌고 계신 하나님의 영을 내 마음 안에 들어오시게 만들 수 있는 영의 원리가 되는 것을 여러분께 알려 드립니다. 여러분이 읽는 기도문으로 기도할 때 공중에서 운행하고 계시는 하나님의 영을 여러분의 심령에 임하게 하실 수 있게 되는 것이지요. 왜냐하면 읽는 기도문은 성령님이 말씀으로 영의 기도문을 쓰게 하셨으므로 하나님의 영이 임하실 수밖에 없는 영적 원리가 페이지마다 녹아 있습니다.

여러분이 소리 내어 말씀을 읽으며 기도할 때에 자신의 귀로 듣고 믿음을 키우며 또한 말씀을 선포하고 기도할 때에 그 말씀이 말씀을 이루고 돌아오게 되므로 각자가 가지고 있는 모든 문제를 성령께서 아시고 구하지 않은 기도까지 모조리 다 해결해 주실 것입니다.

그래서 읽는 기도문의 위력을 여러분 스스로가 느끼시고 누구나 체험해 보시길 기도하고 있습니다. 그렇게 되면 내 안에 임재하신 성령님은 "하나님이 보시기에 좋았더라" 말씀하시면서 아름다운 열매들로 하나씩 만들어 가실 것입니다. 자~! 오늘도 말씀으로 기도하는 영의 기도를 하여 성령님이 내 심령에 임재하실 수밖에 없는 임재를 만들어보세요. 여러분 스스로가 읽는 기도문으로 읽으시면서 성령님이 즐겁게 운행하시도록 영적인 상황과 조건을 만들어 드리시는 가장 지혜로운 자가 되시기를 축복하며 기도로 마치겠습니다.(아멘)

 기록문

'말세에 누구나 성령의 능력을 받는 방법'를 읽고 난 후에 느낀 점을
기록해 보세요.

_____

_____

_____

_____

_____

_____

_____

_____

_____

_____

_____

_____

_____

_____

_____

_____

읽는 기도의 놀라운 영적인 반응

읽기만 하면 살아납니다. 회복됩니다. 해결됩니다.
기도자가 먼저 실제로 경험해보고 함께 나누는 것입니다.
읽기만 해도 기쁨이 찾아옵니다.
읽기만 해도 평안이 찾아옵니다.
읽기만 해도 만족이 느껴집니다.
읽기만 해도 믿음이 세워집니다.
읽기만 해도 사랑이 생겨납니다.
읽기만 해도 감사가 생겨납니다.
읽기만 해도 회복이 찾아옵니다.

읽기만 해도 거룩이 세워집니다.
읽기만 해도 겸손이 시작됩니다.
읽기만 해도 기도가 쉬워집니다.
읽기만 해도 고난이 쉬워집니다.
읽기만 해도 질병이 치유됩니다.

정말 읽기만 했는데도 순종이 쉬워집니다.
정말 읽기만 했는데도 음란이 약해집니다.
정말 읽기만 했는데도 미움이 약해집니다.

정말 읽기만 했는데도 다툼이 약해집니다.
정말 읽기만 했는데도 욕심이 약해집니다.
정말 읽기만 했는데도 자랑이 약해집니다.
정말 읽기만 했는데도 담배가 싫어집니다.
정말 읽기만 했는데도 술들이 싫어집니다.
정말 읽기만 했는데도 질병이 치료됩니다.
정말 읽기만 했는데도 쾌락이 멀어집니다.
정말 읽기만 했는데도 천국이 침노됩니다.

정말 읽기만 해도 되느냐 의심하시는 분이 읽기만 하시면 더욱 기도
가 잘 되십니다.
눈뜨고 기도해도 되느냐 질문하시는 분이 읽으시면 눈을 떠도 기도
가 더 잘 되는 것을 체험하시게 됩니다.

주님이 알려 주신 주기도문을 먼저 하시고 읽는 기도를 시작해 보세
요! 읽는 사람이 어떤 믿음을 가지고 마음으로 기도하느냐에 따라
개인마다 차이점이 있을 수 있습니다. 절대적인 기준이 아닙니다. 성
경 이외에 그 어떤 것도 절대적 기준이 될 수 없습니다.

왜냐하면 "믿음은 들음에서 나며 들음은 그리스도의 말씀으로
말미암았기" 때문입니다. 롬10:17

다만 예수님의 옷자락에라도

[마태복음 14:36]

이 기도책은 하나님의 말씀을 기도로 고백함으로써 본인 스스로
가 **마음으로 다짐**하고 천국을 침노하고자 쓰여진 책입니다.
지키지 못할 말씀을 말하여 율법적인 맹세를 하는 것이 결단코 아
닙니다. 주님은 기도하는 여러분의 **중심과 마음의 동기**를 보십니
다. 기도하신 후 말씀을 지키지 못한 것은 성령께 맡기고 회개하
며 전진하시면 됩니다. 본인 스스로 말씀을 믿고 고백하여 말씀의
힘을 얻게 하는 기도임을 미리 공지해 드립니다.

사람은 외모를 보거니와 나 여호와는 **중심**을 보느니라 하시더라
삼상 16:7

나는 **사람의 뜻과 마음**을 살피는 자인 줄 알지라
계 2:23

1부

예수님의 옷자락

1부기도
통합찬양

주기도문

하늘에 계신 우리 아버지여,

이름이 거룩히 여김을 받으시오며,

나라가 임하시오며,

뜻이 하늘에서 이루어진 것 같이

땅에서도 이루어지이다.

오늘 우리에게 일용할 양식을 주시옵고,

우리가 우리에게 죄지은 자를

사하여 준 것 같이

우리 죄를 사하여 주시옵고,

우리를 시험에 들게 하지마시옵고,

다만 악에서 구하시옵소서.

나라와 권세와 영광이

아버지께 영원히 있사옵나이다.

아멘

성령기도

성령이 친히 우리의 영과 더불어 우리가 하나님의 자녀인 것을
증언하시나니 롬 8:16
모두 한 성령을 마시게 하셨느니라 고전 12:13

성령의
뜻대로

하나님의 말씀이 내게 가까워 내 입술에 있기를 원합니다.
하나님이 내 입술에 주시는 말씀을 선포합니다.
선포되는 말씀마다 그대로 이루어 주실 줄 믿습니다.
진리의 말씀이 내 입술에 있습니다.
제단에서 핀 숯을 내 입술에 대어 주시옵소서.
말씀과 성령이 함께 일하시는 하나님이 지금 내 심령에
오시옵소서.
내 속에서 말씀하시는 분은 아버지의 성령이심을 믿습니다.
성령님이 나의 연약함을 도우셔서 마땅히 기도할 바를 알지
못하나 오직 성령이 말할 수 없는 탄식으로 나를 위해 간구하여
주시옵소서.
나는 성령으로 세례를 받아 한 몸이 되었고 주님이 한 성령을
마시게 하셨습니다.
하나님의 성령이 내 안에 계신 것을 믿습니다.
예수님이 성령으로 기뻐하신 것처럼 내 영도 성령으로 기뻐하기를
원합니다.

성령 안에서 성령님을 의지하여 기도합니다.
성령님의 인도에 따라 성령님이 이끄시는 기도가 되게 하여
주시옵소서.
성령님이 주인 되시고 성령님이 지배하시는 성령의 기도가 되게
하여 주시옵소서.
성령님이 주장하시는 기도로 성령님이 원하시고 성령님의 뜻대로
마음껏 일하여 주시옵소서.
오직 성령이 내게 임하여 권능을 받고 예수님의 증인이 되어
살기를 원합니다.
보좌의 제단으로부터 임하는 성령의 불이 임하게 하여
주시옵소서.

성령님 내 마음과 생각을 열어 드립니다.
성령 받기를 기도합니다.
하늘로부터 임하는 진리의 성령님이 내 안에 임재하여
주시옵소서.
성령님이 임하셔서 내 생각과 마음을 가져가 주시옵소서.
성령님께 맡깁니다.
성령의 마음을 허락해 주시옵소서.
성령을 의지하여 기도합니다.
성령의 기름을 부어 주시옵소서.
성령님이 운행하시는 그 자리에 나도 있게 하여 주시옵소서.
성령께서 내 마음에 중심이 되어 기도합니다.
성령께서 나의 마음을 아시니 친히 간구하여 주시옵소서.

성령님이 하나님의 뜻대로 나를 위해 간구하여 주시옵소서.
성령님이 탄식하여 주시옵소서.
성령님이 중보하여 주시옵소서.
성령님이 주인되어 주시옵소서.
성령의 힘으로 내 몸의 행실을 다스리고 살기를 원합니다.
성령의 옷을 입혀 주시옵소서.
성령과 믿음이 충만하게 하여 주시옵소서.
성령의 불로 덧입기를 간절히 소원합니다.
성령께서 간구하시는 기도의 향기가 하늘에 닿게 하여
주시옵소서.

성령님 내 심령에 임하여 주시옵소서.
오늘 하루를 성령으로 시작합니다.
성령의 불이 내 마음에 임하여 주시옵소서.
성령의 불이 내 생각에 임하여 주시옵소서.
성령의 불이 내 영혼에 임하여 주시옵소서.
성령의 불로 불로 불로 강력하게 임재하여 주시옵소서.
내 마음밭에 성령의 뿌리가 내려져서 성령의 열매를 맺게 하여
주시옵소서.

성령을 믿음으로 마십니다.
생명수가 되게 하여 주시옵소서.
기도의 능력이 되게 하여 주시옵소서.
사랑의 능력이 되게 하여 주시옵소서.

성령의 불이 내 고집에 임하여 주시옵소서.

성령의 불이 내 교만에 임하여 주시옵소서.

성령의 불이 자기의에 임해주셔서 나는 없고 말씀으로 살기를
원합니다.

성령의 불이 구부러진 내 입술에 임하여 주시옵소서.

성령의 불이 구부러진 내 생각에 임하여 주시옵소서.

성령의 불이 구부러진 내 마음에 임하여 주시옵소서.

성령의 불이 안목의 정욕에 임하기를 원합니다.

성령의 불이 육신의 정욕에 임하기를 원합니다.

성령의 불이 이생의 자랑에 임하기를 원합니다.

성령의 불이 거짓된 내 입과 혀에 임하기를 간구합니다.

성령께서 기도의 능력이 되게 하옵시고 성령께서 기도의 간구가
되게 하여 주시옵소서.

하나님 오늘도 성령의 힘으로 성령의 능력으로 살기를 원합니다.

성령의 기도가 온유와 겸손이 되게 하여 주시옵소서.

성령의 기쁨으로 말씀을 받아 주를 본받는 자가 되기를
간구합니다.

성령의 불로 불로 불로 강력하게 임재하여 주시옵소서.

성령의 생명수를 내 영이 믿음으로 마십니다.

내 배에서 생수의 강이 흘러넘치게 하여 주시옵소서.

성령을 성령을 간구합니다.

성령으로 기도할수록 내 속사람이 빛나는 영체가 되게 하여
주시옵소서.
성령을 의지할수록 내 영은 더욱 강해지고 강건해짐을 믿습니다.
기쁨과 성령이 충만하게 하여 주시옵소서.
성령이 내 마음에 임하여 주시옵소서.
성령이 내 심령에 임하여 주시옵소서
성령이 내 생각에 임하여 주시옵소서.
성령이 내 영혼에 임하여 주시옵소서.
성령님을 환영합니다.
성령님을 내 마음에 초대합니다.
지금 내 마음에 오셔서 말씀해 주시옵소서.
주의 보혈로 깨끗하게 하시고 성령의 능력으로 새롭게 하여
주시옵소서.

성령님 내 마음을 잡아 주시옵소서.
성령님 내 마음에 오셔서 내 영을 새롭게 만져 주시옵소서.
성령님 내 생각을 잡아 주시옵소서.
성령님 내 감정을 잡아 주시옵소서.
성령께서 내 생각과 감정을 다스려 주시옵소서.
성령의 감동을 허락하여 주시옵소서.

보좌로부터 임하는 성령의 불이 나에게 임하기를 간절히
원합니다.
성령께서 나의 연약함을 도와주시옵소서.

성령이 내 염려에 임하여 주시옵소서.
성령님이 내 구주 예수 그리스도 말미암아
복음과 진리가 되게 하여 주시옵소서.
영원하신 성령으로 내 양심이 죽은 행실에서 깨끗하게 하시고
살아계신 하나님을 섬기게 하여 주시옵소서.
성령의 거룩하심과 생명이 그의 나라와 의가 되기를 소망합니다.
성령의 불이 내 마음을 치료하여 주시옵소서.
성령의 불이 내 생각을 치료하여 주시옵소서.
성령의 불이 내 상처를 치료하여 주시옵소서.

증거하시는 분은 성령이시니 성령은 진리이십니다.
지극히 거룩한 믿음 위에 자기를 건축하여 성령으로 기도하게
하여 주시옵소서.
성령의 불, 성령의 불, 말씀의 불, 말씀의 불을 원합니다.
믿음으로 간구합니다.
하나님의 영을 부어 주시옵소서.
소망으로 간구합니다.
회개의 영을 부어 주시옵소서.
내 마음을 다해 성령을 간구합니다.
귀 있는 자가 되어 성령이 저에게 하시는 말씀을 듣게 하여
주시옵소서.
위에서부터 성령을 부어주셔서 메마른 마음이 아름다운 생명의
밭이 되게 하여 주시옵소서.

성령 안에서 거룩하게 되어 성령의 능력으로 역사하여 주시고
여호와의 영광이 내 마음성전에 가득하게 하여 주시옵소서.
성령님 임재해 주시옵소서.
성령의 의지대로 살게 해주시옵소서.
성령이 친히 나의 영과 더불어 하나님의 자녀 됨을 증거하여
주시옵소서.
성령님이 주인 되시니 이 기도는 땅에 떨어지지 않습니다.
성령께서 심는 기도가 되어 하늘에 영광이 되고 하나님이
기뻐하시는 기도가 됩니다.

성령님이 기도하시니 이 기도는 하늘에 상달됩니다.
성령님이 기도를 시작하셨으니 성령님이 이 기도를 이끌어
주시옵소서.
성령님이 친히 기도의 보증이 되게 하여 주시옵소서.
성령께서 기도하게 하여 주시옵소서.
성령께서 나의 입술을 대신하여 주시옵소서.
내 안에 계신 성령으로 아름다운 것을 지키게 하여 주시옵소서.

살아계신 하나님을 믿으니 산 소망이 되게 하여 주시옵소서.
살아계신 하나님을 믿으니 산 믿음이 되게 하여 주시옵소서.
진리의 성령을 내려 주셔서 하나님의 뜻대로 기도하게 하여
주시옵소서.
믿음으로 성령을 간구합니다.
하나님께서 약속하신 성령을 간구합니다.

성령님 임재해 주시옵소서.

성령을 위해 심고 성령으로 영생을 거두게 하여 주시옵소서.

고난과 어려움 속에서도 복음을 전하고 영적 싸움을 하며

전진하고 전진하게 하여 주시옵소서.

성령님 오셔서 내 삶을 다스려 주시옵소서.

나의 죄를 인정하고 고백합니다.

회개의 영을 부어 주시옵소서.

성령께서 친히 탄식하시며 회개하게 하여 주시옵소서.

죄에서 자유하게 하여 주시옵소서.

성령의 불로 모든 죄를 태워 주시옵소서.

성령님 죄를 이길 수 있는 힘을 주시옵소서.

성령님 죄를 다스릴 수 있는 능력을 주시옵소서.

성령의 뜻대로 기도하고 성령의 뜻대로 말하고 성령의 뜻대로

살게 하여 주시옵소서.

하나님의 뜻대로 행하기를 원합니다.

성령의 약속을 받아 성령의 힘으로 믿음을 좇아

의와 소망을 기다립니다.

성령으로 충만하게 하여 주시옵소서.

성령으로 다스려 주시옵소서.

성령께서 이끄시는 기도에 경건을 이루게 하여 주시옵소서.

거룩과 경건의 제단을 만들어 주시옵소서.

성령으로 행하여 육체의 욕심을 이루지 않게 하여 주시옵소서.

하늘의 불을 내려 주시옵소서.

성령으로 살고 성령으로 행하게 하여 주시옵소서.

성령으로 날마다 기도합니다.

성령으로 순종합니다.

인애와 진리가 되게 하여 주시옵소서.

성령으로 겸손합니다.

의와 화평이 되게 하여 주시옵소서.

성령으로 온유합니다.

성령으로 기뻐하고 성령으로 살게 하여 주시옵소서.

기도로 성령님과 동행하기를 원합니다.

성령님과 함께 기도하고 성령님과 만나는 기도가 되게 하여
주시옵소서.

성령을 성령을 간구합니다.

주의 성령이 내게 임하여 주시옵소서.

성령께서 나를 가르치시고 진리의 성령이 모든 진리 가운데
인도하여 주시옵소서.

성령이 충만하여 담대히 말씀을 전하게 하여 주시옵소서.

불의 사람이 되게 하여 주시옵소서.

영의 사람이 되게 하여 주시옵소서.

성령으로 살게 하여 주시옵소서.

느리게 가도 정직하게 살고 손해를 보아도 진리 안에 살게 하여
주시옵소서.

내 욕심을 포기하고 하나님의 나라를 세우게 하여 주시옵소서.

성령을 위해 살겠습니다.
내면의 거룩함을 이루어 주시옵소서.
성령님이 주시는 참만족과 기쁨으로 살기를 원합니다.

성령님이 나의 생명입니다.
성령님이 나의 전부입니다.
오직 성령이 나에게 임하여 주시옵소서.
나는 죽고 성령으로 살게 해주시옵소서.
감사하는 믿음으로 영적 절정에 이르게 하시고 사랑의 종착지로
나를 인도해 주시옵소서.
성령이 계신 곳에 기쁨이 있습니다.
성령이 계신 곳에 소망이 있습니다.
성령이 계신 곳에 자유가 있습니다.
성령이 계신 곳에 평강이 있습니다.
성령이 계신 곳에 감사가 있습니다.
좋은 것을 주신다고 약속하신 말씀을 이루어 주시옵소서.
성령을 성령을 간구합니다.

생각나는 말이 없어도 성령으로 내 속을 통찰하시어 심령의
회개를 이루어 주시옵소서.
상한 마음을 고쳐 주시고 깨진 마음을 고쳐 주시옵소서.
모든 두려움과 의심을 성령의 불로 태워 주시옵소서.
죄의 문턱에서 성령의 불바퀴가 되어 거뜬히 통과하게 하여
주시옵소서.

고난이 큰 만큼 하늘의 영광도 큰 것을 기억하여 감사하게 하여
주시옵소서.

성령님 영광 받아 주시옵소서.

성령의 능력 없이는 아무것도 할 수 없습니다.

성령을 부어 주시옵소서.

고난의 잔이 채워질 때 성령님이 영광 받아 주시옵소서.

눈물의 잔을 채웁니다.

고난의 잔을 십자가로 올려 드립니다.

오직 성령의 기도로 돌파하게 하여 주시옵소서.

내 영이 성령으로 세례를 받아 한 몸이 되었고 주님께서 한 성령을
마시게 하셨습니다.

사랑과 용서의 영을 주시옵소서.

성령 안에 있는 의와 평강과 희락을 주시옵소서.

성령을 믿음으로 마십니다.

내가 없는 참겸손이 되게 하여 주시옵소서.

성령을 믿음으로 마십니다.

온유와 겸손이 되게 하여 주시옵소서.

성령을 믿음으로 마십니다.

팔복의 문이 내 삶에 영광이 되게 하여 주시옵소서.

성령을 믿음으로 마십니다.

인내와 절제가 되게 하여 주시옵소서.

성령을 믿음으로 마십니다.

영생하도록 솟아나는 생명수가 되게 하여 주시옵소서.

이 기도는 성령님이 간구하시는 기도가 되어 보좌에 상달되기를
원합니다.

오직 성령에 매여 살게 하여 주시옵소서.

성령님이 나를 이끄시고 주인 되어 주셔서 나를 가르쳐
주시옵소서.

성령의 불이 내 안에서 기름부음으로 임하기를 원합니다.

주의 영이 나를 들어 올려 성령으로 붙잡힌바 되기를 간구합니다.

여호와의 권능이 힘 있게 나를 감동하게 하사 성령의 권능을 부어
주시옵소서.

오직 성령이 내게 증언하여 결박과 환난이 찾아와도 더욱
굳건해지게 하여 주시옵소서.

그의 의와 복음을 위하여 밤낮 쉬지 않고 영의 기도로 살게
해주시옵소서.

성령에 사로잡힌바 대로 성령으로 살아가기를 원합니다.

보좌의 제단에서 임하시는 성령께 의지하여 예수님의 이름으로
간절히 기도합니다. (아멘)

하나님이 보내신 이는 하나님의 말씀을 하나니 이는 하나님이 성령을
한량 없이 주심이니라 요3:34

성결의 영으로는 죽은 자들 가운데서 **부활하사** 능력으로 하나님의 아들로
선포되셨으니 곧 우리 주 **예수 그리스도**시니라 롬 1:4

보혈기도

보혈기도

성령이 거룩하게 하심으로 순종함과

예수 그리스도의 피뿌림을 얻기 위하여 벧전 1:2

하늘이 하나님의 영광을 선포하고
궁창이 주님의 손으로 하신 일을 나타낼 때에
내 영혼이 주님을 경배하고 소리 높여 찬양합니다.
예수님~ 나는 십자가에서 죽었습니다.
옛 사람과 옛 습성이 죽었습니다.
예수님의 보혈을 내 속사람이 뿌리고 바르고 마십니다.
예수님의 보혈을 내 영혼에 뿌리고 바르고 덮습니다.
예수님의 살을 먹고 예수님의 피를 마시는 자는 영생을
가졌습니다.

예수님의 살을 먹고 예수님의 피를 마시는 자는
주님 안에 거하고 주님도 내 안에 거하게 됨을 믿습니다.
예수님의 보혈을 원합니다.
예수님의 피뿌림이 임하게 하여 주시옵소서.
예수님의 보혈을 의지하여 기도합니다.
보혈의 권세, 보혈의 권능, 보혈의 능력을 간구합니다.

성령으로 거룩하게 하심과 예수님의 피뿌림을 얻게 하여
주시옵소서.
예수님의 피를 내 마음에 뿌립니다.
예수님의 피를 내 심령에 뿌립니다.
예수님의 피를 내 영혼에 뿌립니다.
예수님의 피를 내 생각에 뿌립니다.
예수님의 피를 내 입술에 뿌립니다.
예수님의 피를 내 눈과 귀에 뿌립니다.

성령을 의지하고 예수님의 피를 의지하여 기도합니다.
예수님의 피뿌림이 내 속사람에게 임하여 주시옵소서.
예수님의 피뿌림이 내 교만에 뿌려집니다.
예수님의 피뿌림이 내 자아에 뿌려집니다.
예수님의 피뿌림이 자기의에 뿌려집니다.
예수님의 피뿌림이 내 염려와 근심에 뿌려집니다.
예수님의 피뿌림이 어리석은 의심에 뿌려집니다.
예수님의 피뿌림이 고집스런 불순종에 뿌려집니다.
예수님의 피뿌림이 내 모든 죄에 뿌려집니다.

피의 권세로 모든 의심이 사라지고 강한 믿음이 되기를 원합니다.
피의 권세로 주님이 원하시는 삶을 살게 해주시옵소서.
예수님의 피뿌림을 얻기 위하여 더욱 힘쓰고 애써 기도합니다.
내 영이 예수님의 피 옷을 입고 있습니다.
피 옷을 입고 있는 자는 죄의 틈도 없어지게 됨을 믿습니다.

예수님께 내 자아를 내어 드리면 죄를 이길 수 있습니다.
내 영이 예수님의 피와 살을 믿음으로 먹습니다.
생명의 양식이 되고 생명수가 되게 하여 주시옵소서.
예수님의 피가 나를 살립니다.
예수님의 살이 나를 힘 있게 만듭니다.

예수님을 본받아 내 안에 사랑의 성전을 이루게 하여 주시옵소서.
예수님의 피가 내 온몸을 덮습니다.
내 몸을 하나님이 기뻐하시는 거룩한 산 제물로 드립니다.
내가 드리는 영적 예배를 받아 주시옵소서.
예수님의 피가 내 마음을 덮습니다.
내 마음을 드립니다.
예수님의 피가 내 심령을 덮습니다.

내 마음을 새롭게 함으로 변화 받아 하나님의 뜻대로 살게
해주시옵소서.
예수님의 고난의 잔과 보혈의 잔을 내가 믿음으로 마십니다.
인내와 사랑의 잔이 되게 하여 주시옵소서.
주님의 뜻대로 말하고 주님의 뜻대로 기도하게 하여 주시옵소서.
이 기도가 하나님 앞에 기쁨이 되길 원합니다.

예수님의 피가 내 생각을 덮습니다.
십자가와 부활이 전부가 되는 영의 생각을 주시옵소서.
예수님의 피가 내 양심을 덮습니다.

깨끗하고 온전한 양심이 되게 하여 주시옵소서.
예수님의 피가 내 눈을 덮습니다.
보는 죄를 이기게 하여 주시옵소서.
보는 것이 내 생각과 마음에 죄가 되지 않게 하여 주시옵소서.
예수님의 피가 내 귀를 덮습니다.
듣는 죄를 이기게 하여 주시옵소서.
듣는 것이 내 생각과 마음을 사로잡아 죄에 묶이지 않게
해주시옵소서.

예수님의 피가 내 입술을 덮습니다.
말하는 죄를 이기게 하여 주시옵소서.
내 말 한 마디가 말씀의 장식이 되기를 원합니다.
혀의 칼과 혀의 채찍으로 남을 살인하지 않게 하여 주시옵소서.
예수님의 피가 내 손과 발을 덮습니다.
예수님의 손과 발이 되어 섬기며 살게 해주시옵소서.

예수님의 보혈, 예수님의 보혈, 예수님의 피뿌림을 간구합니다.
내 눈의 들보를 먼저 보고 나를 돌아보게 하여 주시옵소서.
겸손한 마음을 주셔서 나의 부족함을 인정하고 살게 하여
주시옵소서.
십자가의 사랑을 믿습니다.
십자가의 사랑을 알게 하여 주시옵소서.
예수님의 부활을 믿습니다.
예수님의 부활이 나의 부활입니다.

예수님의 생명이 나의 생명입니다.
예수님의 사랑이 나의 사랑입니다.
예수님이 지신 고난의 십자가는 장차 내 상급과 면류관이 될
것입니다.

예수님의 눈물은 나의 눈물입니다.
예수님의 고난이 나의 고난입니다.
예수님의 복음이 나의 복음입니다.
예수님의 기쁨이 나의 기쁨입니다.
예수님의 기도가 나의 기도가 됩니다.
예수님의 탄식이 나의 탄식이 됩니다.
예수님의 삶이 곧 나의 삶이 되게 하여 주시옵소서.

예수님, 예수님, 나의 주님, 내 영혼이 주님을 원합니다.
주님이 내 기도를 받아주시고 나를 만나 주시옵소서.
예수님의 생각이 나의 생각이 되고
예수님의 계획이 나의 계획이 되고
예수님의 마음이 나의 마음이 되기를 원합니다.
예수님의 눈이 나의 눈이 되어 보고
예수님의 귀가 나의 귀가 되어 듣고
예수님의 입술이 나의 입술이 되어 살기를 원합니다.
예수님의 손이 되어 섬기고 예수님의 발이 되어 낮은 자를 섬기게
하여 주시옵소서.

예수님처럼 지배하려 하지 않고 섬기는 자세로 겸손의 겉옷을
입고 주님의 영광에만 주목하게 하여 주시옵소서.
믿음의 선을 행하여 생명의 부활이 되게 하여 주시옵소서.
믿음이 완성되는 기도를 간구합니다.
내 의지는 하나님의 것입니다.
내 의지는 주님이 주셨습니다.
하나님이 뜻하신 대로 써 주시옵소서.
예수 그리스도, 예수 그리스도, 그 분의 삶이 나의 삶이 되기를
간구합니다.

예수님이 나의 주인이십니다.
예수님이 나의 전부가 되게 하여 주시옵소서.
예수님이 생각하신 대로 생각하고 예수님이 사신 대로 살게 하여
주시옵소서.
예수님이 기도하여 주시옵소서.
예수님이 중보하여 주시옵소서.
예수님이 간구하여 주시옵소서.
예수님이 내 마음에 중심이 되어 기도합니다.

예수님의 기도가 되어 하늘에 상달됩니다.
예수님의 기도가 되어 땅에서 열매가 됩니다.
예수님의 기도가 되어 땅에서 소금이 됩니다.
예수님의 기도가 되어 영원한 빛과 상급이 되기를 간구합니다.
예수님의 보혈을 주시옵소서.

예수님이 주시는 보혈의 피를 내 영혼이 먹습니다.
예수님의 보혈이 나의 생명이 됩니다.
예수님, 예수님, 내 마음에 오셔서 나를 새롭게 하여 주시옵소서.
예수님의 이름만 있게 하여 주시옵소서.
예수님께서 간구하시는 기도의 향기가 하늘에 닿게 하여
주시옵소서.
기도와 겸손한 생활로 천국에서 큰 영광의 준비가 되게 하여
주시옵소서.
예수님, 예수님, 나의 주님 내 마음에 오시옵소서.
나의 주인이 되어 주셔서 나를 다스려 주시고 나를 간섭해
주시옵소서.

보혈의 능력을 믿습니다. 보혈의 잔을 채워 주시옵소서.
오직 보혈만이 능력이요, 권세입니다.
예수님의 피를 내 상처에 뿌립니다.
예수님의 피를 내 쓴뿌리에 뿌립니다.
상처와 쓴뿌리가 보혈의 권세로 사라지게 해주시옵소서.
피의 권세로 상하고 지친 나를 일으켜 세워 주시옵소서.
예수님의 피가 내 영혼을 덮습니다.

피의 권세로 내 영혼이 더욱 깨끗해지기를 원합니다.
예수님의 피를 내 모든 삶에 뿌리고 바르고 덮습니다.
가는 곳마다 보는 곳마다 듣는 것마다 피의 흔적이 되게 하여
주시옵소서.

어둡고 후미진 내 삶에 보혈의 빛을 비춰 주시옵소서.
죄의 흔적을 완전히 없애고 오직 거룩과 성결한 삶으로
바꿔주시옵소서.

죄를 완전히 이기고 다스리게 하여 주시옵소서.
죄가 나를 원하나 내 지체를 내어 주지 않기를 원합니다.
예수님의 이름으로 승리하기를 원합니다.
예수님의 이름으로 순종하게 하여 주시옵소서.
예수님의 이름으로 죄를 버립니다.
보혈의 권세로 살게 해주시옵소서.
예수님의 겸손을 본받아 겸손의 옷을 입고 순종하며 살겠습니다.
하나님의 뜻을 이루는 기도가 되기를 간구합니다.
부활의 믿음을 가지고 살게 해주시옵소서.
기도로 예수님과 동행하기를 원합니다.

이 기도가 열매가 되고 내 삶에 실상이 되게 하여 주시옵소서.
예수님의 이름으로 고집을 버립니다.
온유해지게 하여 주시옵소서.
예수님의 이름으로 교만을 버립니다.
겸손해지게 하여 주시옵소서.
예수님의 이름으로 거짓을 버립니다.
진실하게 하여 주시옵소서.
예수님의 이름으로 음란을 버립니다.
정결하고 깨끗하게 만들어 주시옵소서.

예수님의 이름으로 세상을 버립니다.
하늘의 것으로 채워 주시옵소서.
예수님의 피, 예수님의 피를 믿고 의지합니다.
예수님의 이름으로 더러워진 내 마음을 드립니다.
정결한 마음으로 바꿔 주시옵소서.
예수님의 이름으로 세상적인 생각을 내어 드립니다.
영의 생각으로 바꿔 주시옵소서.
예수님의 이름으로 거짓된 양심을 드립니다.
깨끗한 양심으로 바꿔 주시옵소서.
예수님의 이름으로 내 시간을 드립니다.
하늘의 보화가 되게 하여 주시옵소서.
예수님의 이름으로 내 삶을 드립니다.
하늘의 칭찬이 되는 영원한 상급이 되게 하여 주시옵소서.
예수님과 동행하여 매 걸음마다 하늘의 영광이 임하기를
원합니다.

기쁨과 평안을 누리는 거룩한 두려움을 주시옵소서.
그리스도의 심판대가 순수한 기다림이 되게 하여 주시옵소서.
가장 큰 고난과 가장 큰 위험이 있는 곳에 가장 큰 상으로
인도하는 길임을 기억하게 하여 주시옵소서.
더 많은 믿음으로 더 주님을 의지하여 온전한 전진을 하게 하여
주시옵소서.
예수님이 이기시고 부활하신 것을 믿습니다.
승리하는 삶을 살게 하여 주시옵소서.

이기는 자가 되어 이기는 자의 상을 받게 하여 주시옵소서.

예수님이 흘려주신 보혈의 피가 내 속에 있는 죄의 찌꺼기까지
소멸해 주시옵소서.
내 자아는 십자가에서 죽고 보혈의 생명이 살아나기를
간구합니다.
보혈의 권세와 그리스도의 부활을 온전히 믿고 부활의 믿음으로
살기를 원합니다.
보혈의 권세와 성령의 능력이 지성소의 문을 열어내는 자격이
되게 하여 주시옵소서.
그리스도 안에서 보혈의 권세로 살게 해주시옵소서.
예수님의 살을 먹고 예수님의 피를 마시는 자는 주님 안에 거하고
사는 것임을 믿습니다.
예수님의 살을 먹고 주님의 피를 마신 저는 영생을 가졌고 마지막
날에 주님이 나를 다시 살리실 것입니다.

내 죄악을 발로 밟으시고 내 모든 죄를 깊은 바다에 던져주신
예수님의 보혈을 의지하여 예수님 이름으로 기도합니다. (아멘)

예수께서 이르시되 내 살을 먹고 내 피를 마시는 자는 영생을 가졌고
마지막 날에 내가 그를 다시 살리리니 내 살을 먹고 내 피를 마시는 자는
내 안에 거하고 나도 그의 안에 거하나니 요6:56

대적기도

예수님의
권세

예수께서 말씀으로 귀신들을 쫓아내시고 마 8:16

내가 너희에게 악한 원수의 모든 능력을 제어할 권능을 주었으니 너희를

해칠 자가 결코 없으리라 눅 10:19

너희는 하나님께 복종할지어다 마귀를 대적하라
그리하면 너희를 피하리라 하나님을 가까이하라 그리하면 너희를
가까이 하시리라
하나님의 말씀을 선포할 때 주님의 영광을 보게 하여 주시옵소서.
주님의 위대하심을 내 입술로 선포하여 마귀를 대적하겠습니다.
선포되는 말씀마다 능력이 되어 주의 뜻을 이루게 하여
주시옵소서.

이 시간 이 기도를 방해하는 악한 영들아
예수님의 이름으로 결박되고 예수님의 이름으로 떠나가라.
내 기도의 입술을 잡고 있는 미련한 영들아
예수님의 이름으로 결박되고 예수님의 이름으로 떠나가라.
내 생각 속에 숨어있는 악한 영들아
예수님의 이름으로 묶임 받고 예수님의 이름으로 떠나가라.
내 마음을 다루고 있는 악한 영들아
예수님의 이름으로 묶임 받고 예수님의 이름으로 떠나가라.

내 기분과 감정에 있는 연약함의 영들아
예수님의 이름으로 묶임 받고 예수님의 이름으로 떠나갈지어다.
내 생각과 마음을 흔드는 혼란한 영들아
예수님의 이름으로 묶임 받고 예수님의 이름으로 떠나갈지어다.
내 양심을 속이는 거짓의 영들아
예수님의 이름으로 묶임 받고 예수님의 이름으로 떠나갈지어다.

나에게 불안과 반항심을 주는 악한 영들아
예수님의 보혈, 예수님의 피, 성령의 검으로 전멸될지어다.
말씀의 검, 성령의 불칼로 소멸될지어다.
교만을 주는 넘어짐의 영들아 예수님의 이름으로 떠나가라.
고집을 주는 견고한 진들아 예수님의 이름으로 떠나가라.
자랑을 주는 헛된 영들아 예수님의 이름으로 떠나가라.
욕심을 주는 이기적인 영들아 예수님의 이름으로 떠나가라.
걱정을 주는 비겁한 영들아 예수님의 이름으로 떠나가라.
자기의를 주는 더러운 영들아 예수님의 이름으로 떠나가라.
세상 쾌락을 주는 즐김의 영들아 예수님의 이름으로 떠나가고
떠나갈지어다.

유혹을 주는 미혹의 영들아 예수님의 이름으로 무너져라.
의기소침을 주는 실망의 영들아 예수님의 이름으로 사라져라.
험담을 주는 비판의 영들아 예수님의 이름으로 끊어져라.
음란을 주는 정욕의 영들아 예수님의 이름으로 무력화될지어다.
질병을 주는 질고의 영들아 예수님의 이름으로 파멸될지어다.

의심을 주는 거짓의 영들아 예수님의 이름으로 차단될지어다.

거짓을 주는 속임의 영들아 예수님의 이름으로 없어질지어다.

불순종을 주는 고집의 영들아 예수님의 이름으로 붕괴될지어다.

죄의 쓴 뿌리들아 죄의 열매들아 예수님의 이름으로 흔적도 없이
사라질지어다.

모든 죄는 예수님의 이름으로 결박 받고 예수님의 이름으로
소멸될지어다.

나는 왕의 자녀가 되어 하늘의 존귀를 가진 영광된 신분임을
선포하노라.

나는 보혈의 피로 구원받아 하늘에 속해 있는 성도임을 믿습니다.

예수 그리스도의 이름으로 악한 영들을 대적합니다.

예수님의 이름이 나에게 권세가 되어 귀신들도 항복하고
떠나갑니다.

예수님의 이름이 선포될 때 마귀가 하늘로부터 번개같이
떨어집니다.

예수님, 예수님, 나의 주님, 마귀를 이길 수 있는 힘을 주시옵소서.

성령님, 성령님 이 모든 악한 영들을 성령의 불로 태워 주시옵소서.

기도의 힘, 기도하는 능력으로 채워 주시옵소서.

원수의 모든 능력을 제어할 권능을 더 크게 부어 주시옵소서.

성령 안에서 나를 해칠 자가 결코 없음을 믿습니다.

성령의 옷을 입혀 주시옵소서.

보혈의 옷을 입혀 주시옵소서.

기도의 옷을 입혀 주시옵소서.

말씀의 옷을 입혀 주시옵소서.

구원의 옷과 세마포를 입혀 주시옵소서.

예수님의 보혈을 의지하고 성령을 의지합니다.

이 기도를 통하여 하늘의 능력을 받고 하나님의 축복을 받게 될

것을 믿습니다.

예수님이 십자가에서 피 흘리심으로 마귀의 머리를 상하게

하셨습니다.

사탄의 머리를 으깨시고 가루처럼 잘게 부숴 놓으셨습니다.

모든 통제권이 하나님께 있사오니 승리의 확신을 가지고

살겠습니다.

마귀는 하나님의 손아래 허락된 것만 할 수 있는 나약한 피조물일

뿐입니다.

그러므로 두려워하지 않고 근심하지 않겠습니다.

예수님이 십자가에서 승리하셨으므로 나도 자녀된 권세로 이길 수

있음을 믿습니다.

하나님을 일 순위로 못하게 만드는 세상의 일들아

예수님의 이름으로 명하노니 영원히 소멸될지어다.

두 마음을 품게 만드는 악한 영들아

예수님의 이름으로 명하노니 즉시 떠나갈지어다.

급한 마음과 조급한 생각을 주는 서두름의 영들아

예수님의 이름으로 떠나가라.

화를 만드는 감정의 영들아 예수님의 이름으로 소멸될지어다.

화내고 다툼을 주는 갈등의 영들아 너희들의 정체를 알고 있다.

예수님의 이름으로 소멸될지어다.

안일한 생각을 주는 나태함의 영들아

예수님의 이름으로 사라질지어다.

열등감을 주는 비교의 영들아 예수님의 이름으로 흩어질지어다.

과거의 상처를 생각나게 하는 상처의 영들아

예수님의 이름으로 떠나갈지어다.

과거의 죄악된 기억을 생각하게 만들어 나에게 자책감을 주는

후회의 영들아

예수님의 이름으로 묶임 받고 예수님의 피권세로 떠나갈지어다.

예수님의 이름으로 명하노니 모든 죄의 눌림에서 해방될지어다.

막혔던 모든 관계가 풀어지고 해결될지어다.

자존심을 붙잡으면 마귀를 붙잡는 것이고 상처를 취하면 마귀를

취하는 것입니다.

외로움을 주는 슬픔의 영들아

예수님의 이름으로 영원히 떠나갈지어다.

거절당해서 온 기분 나쁨의 영들아

예수님의 이름으로 떠나갈지어다.

사사로운 기분을 만드는 감정의 영들아

예수님의 이름 앞에서 사라질지어다.

판단과 정죄를 주는 참소의 영들아

예수님의 이름으로 끊어질지어다.

낙심을 주는 실망의 영들아 예수님의 이름으로 전멸될지어다.
원망과 불평의 영은 예수님의 이름으로 내 생각과 입술에서
완전히 소멸될지어다.

우울증의 영은 예수님의 이름으로 없어질지어다.
시기의 영은 예수님의 이름으로 떠나갈지어다.
게으름의 영은 예수님의 이름으로 사라질지어다.
질투의 영은 예수님의 이름으로 무력화될지어다.
비관과 낙담의 영은 예수님의 이름으로 지금 즉시 떠나갈지어다.
나는 예수님의 핏 값으로 산 하나님의 자녀다.
마귀를 대적하라 그리하면 너희를 떠나리라. 아멘. 아멘. 아멘.

막혔던 모든 것들이 예수님의 이름으로 뚫어지고 풀어지고
해결될지어다.
묶였던 견고한 진들아 보혈의 피로 무너지고 부서질지어다.
내 앞길을 막아 안 되게 만드는 저주의 영들아
예수님의 이름으로 명하노니 떠나가고 사라질지어다.
하나님이 주신 말씀을 굳게 믿고 선포합니다.
미움을 주는 시기의 영들아 예수님의 이름으로 소멸될지어다.
나는 예수님의 마음으로 모든 사람들을 용서하고 사랑하며
화평하고 관용할 것이다.
하나님의 자녀로 살아갈 것이다.
다툼을 주는 마귀, 사탄, 귀신들아
예수님의 이름으로 묶임 받고 영원한 무저갱으로 떠나갈지어다.

하나님을 예배치 못하게 만드는 악한 세력은 소멸될지어다.
속사람과 겉사람의 질병은 예수님의 이름으로 치유될지어다.
모든 스트레스는 예수님의 이름으로 해방되고 자유할지어다.
굽히지 않고 완악함을 주는 고집스런 영들아 예수님의 이름으로
떠나갈지어다.

내 영의 눈은 오직 하나님만 바라볼지어다.
내 영의 귀는 오직 주님의 음성만 들을지어다.
내 영의 코는 하나님이 주시는 생기만 마실지어다.
내 영의 입은 생명수 샘물이 되어 살리는 말만 할지어다.
내 영의 생각은 하늘의 것과 영원한 것으로 가득 채워질지어다.
내 속사람 머리 위에 성령의 불이 강하게 임하여 주시옵소서.
선포할 때마다 불의 능력이 나가게 하여 주시옵소서.

모든 악한 영들아 내 마음과 생각에서 완전히 떠나갈지어다.
갈등과 문제를 주는 다툼의 영들아 예수님의 이름으로 즉시
떠나가라.
조상으로부터 온 대물림의 영들아 예수님의 이름으로 즉시
떠나가라.
나에게 짜증과 화를 주는 악한 영들아 예수님의 이름으로 지금
즉시 사라져라.
모든 인생의 문제는 예수님의 이름으로 완전히 해결될지어다.
모든 재정의 문제는 예수님의 이름으로 완전히 풀려질지어다.
모든 미래의 불안은 예수님의 이름으로 완전히 평안해질지어다.

나를 지치게 하는 모든 무거운 짐은 예수님의 이름으로 가벼워질
것입니다.
내 마음을 답답하게 만드는 모든 것들이 보혈의 권세로 시원하게
해결될 것입니다.
보혈과 성령을 의지한 영의 기도는 주님과 하나 되어 모든 문제를
풀어줄 것입니다.

긴장과 압박을 주는 악한 영들아 예수 그리스도의 이름으로
명하노니 지금 있는 곳에서 무저갱으로 떠나갈지어다.
나에게 눌림을 주는 저항의 영들아 예수님의 이름으로 영원한
결박을 받을지어다.

기분 나쁜 감정을 주는 악한 영들은 예수님의 이름으로
떠나갈지어다.
슬픈 감정을 주는 속임의 영들은 예수님의 이름으로
사라질지어다.
과거의 생각과 고통은 예수님의 이름으로 끊어질지어다.
내 주변에 있는 모든 악한 영들은 지금 즉시 예수님의 이름으로
흩어질지어다.

내 건강을 해치는 질병의 영들은 예수님의 이름으로
끊어질지어다.
남에게 들은 부정적인 말을 예수님의 이름으로 거부한다.
내가 하고 싶은 모든 죄의 욕구를 예수님의 이름으로 거절한다.

타인의 말로 들어온 불안의 영들아 보혈의 권세로 떠나갈지어다.
마귀가 주는 세상의 인정과 성공의 욕심을 저버립니다.
마귀가 가져다주는 거짓된 허상과 누림을 예수님의 이름으로
대적합니다.
마지막에 불타 없어질 세상 것에 마음을 두지 않게 하여
주시옵소서.

서운한 생각을 품게 하여 미워하게 만드는 악한 영들아
예수님의 이름으로 완전히 떠나갈지어다.
억울함과 답답함을 주는 분노의 영들아
예수님의 이름으로 떠나갈지어다.
나에게 상황과 조건을 만들어서 내면의 상처를 주는 마귀 사탄
귀신의 세력들아
예수님의 이름으로 명하노니 상처가 없었던 온전한 마음상태로
돌려놓을지어다.
예수님의 이름으로 명하노니 다시는 내 앞에 과거의 기억을
가져다 놓지 못할지어다.
사람들의 대화를 타고 들어온 불안과 잘못됨의 영들아 예수님의
이름으로 떠나갈지어다.

내 입술에 있는 비난과 비방의 칼들아
예수님의 이름으로 다 부러질지어다.
내 입술에 있는 험담의 말들아 허물을 덮어주시는 예수님
이름으로 무력화될지어다.

쉬지 않는 악이요, 죽이는 독이 가득한 혀의 죄들아 성령의 불로
완전히 다 태워질지어다.
내 삶에 평안을 깨뜨리는 불안정한 영들아
예수님의 이름으로 명하노니 무저갱으로 던져질지어다.
돈의 압박, 일의 압박, 인간관계의 압박을 주는 눌림의 영들아
예수님의 이름으로 명하노니 지금 즉시 떠나갈지어다.
내 혀의 말 한마디가 마귀에게 죄의 틈을 열어주는 문이 되지
않기를 간구합니다.
그리스도의 신부된 말과 행함으로 살게 하여 주시옵소서.
마귀를 이길 수 있는 제단의 불을 내려 주시옵소서.
성령의 갑옷을 입고 마귀를 대적하여 넉넉히 이기게 하여
주시옵소서.
마귀는 십자가의 사랑과 희생을 이기지 못하고 고꾸라졌습니다.
예수님의 말씀 앞에서 마귀의 머리는 산산이 부서졌습니다.

예수님의 이름이 능력입니다.
예수님의 권세는 나의 것입니다.
예수님을 의지합니다.
오늘도 예수님과 동행하고 성령을 의지하여 기도합니다.
예수님이 흘리신 보혈의 힘과 부활의 권세를 믿고 예수님의
이름으로 간절히 기도합니다. (아멘)

죄를 짓는 자는 마귀에게 속하나니 마귀는 처음부터 범죄함이라 하나님의
아들이 나타나신 것은 마귀의 일을 멸하려 하심이라 요일3:8

회개기도

회개의 고백

만일 우리가 우리 죄를 자백하면 그는 미쁘시고 의로우사 우리 죄를

사하시며 우리를 모든 불의에서 깨끗하게 하실 것이요 요일 1:9

예수님께서 흘려주신 생명의 보혈로 회개의 문을 열어

주시옵소서.

하늘문을 열어 주시고 보혈의 제단에 보혈의 피를 뿌려

주시옵소서.

회개의 영을 부어 주셔서 죄 씻음 받기를 원합니다.

예수님의 보혈을 의지합니다.

주 예수님 나를 불쌍히 여겨 주시옵소서.

하나님이 원하시는 뜻대로 회개할 수 있게 도와주시옵소서.

성령님이 말할 수 없는 탄식 가운데 회개의 불을 내려 주시옵소서.

예수 그리스도의 피뿌림이 내 속사람에게 뿌려지기를 원합니다.

하나님이 내 영혼을 건지시고 주의 보혈로 나를 구원하여

주시옵소서.

성령의 불이 임하는 회개를 허락해 주시옵소서.

예수님 안에 있는 생명과 성령의 법이 죄와 사망의 법에서 나를

해방하여 주시옵소서.

예수님은 하늘과 땅의 모든 권세가 있으십니다.

예수님은 세세토록 살아 계시고 사망과 음부의 열쇠를 가지신 참 하나님이십니다.

죄를 사하시는 권세와 천국의 열쇠를 쥐고 계신 예수님의 보혈이 생명임을 믿습니다.

내 악함을 회개하고 주께 기도하오니 마음에 품은 죄를 사하여 주시옵소서.

회개하는 기도가 아름다운 향연이 되어 하나님 앞에 상달되기를 원합니다.

내 기도를 들으시고 내 회개를 기억하여 주시옵소서.

하나님께 기도하지 않아서 교만했던 죄를 용서해 주시옵소서.

기도하지 않아서 순종하지 못한 죄를 지었습니다.

기도하지 않는 죄는 영적인 교만입니다.

기도하지 않는 죄는 가장 고집스러운 완악한 죄입니다.

거역하는 것은 점치는 죄와 같고 고집 피우는 것은 우상숭배가 됩니다.

거역과 고집을 용서해 주시고 순종하는 마음을 주시옵소서.

육의 생각으로 기도한 죄를 용서해 주시옵소서.

혼으로 기도하고 감정으로 기도하여 성령님을 근심하게 만든 죄를 용서해 주시옵소서.

정욕으로 쓰려고 내 방식대로 잘못 구한 죄도 있습니다.

사람의 정욕을 따르며 살았고 육체의 남은 때를 죄 가운데 살아서 시간을 낭비했습니다.

내 감정과 경험을 의존하며 산 죄를 용서하여 주시옵소서.

기도하는 동안 생기는 자기의를 용서해 주시옵소서.
겉으로는 아니라고 하였어도 마음으로는 인정받으려고 한
자기의를 용서해 주시옵소서.
나 좀 알아줬으면 하는 숨겨진 자기의가 내 안에 있습니다.
사람의식하며 살아온 죄를 용서해 주시옵소서.
죄 앞에 항상 넘어지며 해도 해도 안 되는 나를 불쌍히 여겨
주시옵소서.
끝났다고 생각할 그 때가 주님이 가장 가까이 계실 때인 것을 알게
하여 주시옵소서.
넘어진 그 장소에서 주님 손을 붙잡고 다시 일어설 수 있는 힘을
주시옵소서.
넘어진 그 자리가 겸손의 자리가 되고 거룩을 이루는 장소가
되기를 원합니다.

내가 휘두른 혈기가 죄의 채찍이 되어 남에게 상처를 준 죄를
용서해 주시옵소서.
땅 위의 것, 정욕의 것, 귀신의 것을 추구하며 산 죄를
용서해 주시옵소서.
죄의 정욕이 나에게 역사하여 스스로 사망의 열매를 맺고
살았습니다.
영혼을 거슬러 싸우는 육체의 정욕을 제어하는 능력을
주시옵소서.

세상이 주는 즐거움으로 일삼고 가증스럽게 남을 미워하며
살았습니다.
향락을 좋아하여 살았으나 죽은 삶을 살아왔습니다.
쾌락과 향락과 돈을 좇아 살아온 죄를 용서해 주시옵소서.

예수님의 보혈로 내 이름이 하늘에 기록된 것으로 감사하며
살겠습니다.
아무리 좋아보여도 죄이면 다 갖다 버리게 하여 주시옵소서.
기도 없이 내 자신을 믿고 스스로 해결하려고 한 영적인 교만과
육적인 교만을 용서해 주시옵소서.
믿음 없이 보고 듣고 생각하며 행동한 모든 죄를 용서해
주시옵소서.
기도로 시작하지 않고 기도로 마치지 않은 방종을 용서해
주시옵소서.

말씀을 듣기만 하고 행하지 않아 자신을 속이며 살아왔습니다.
믿기만 하면 구원받는다는 불완전한 신앙으로 순종하지
않았습니다.
한 번 구원은 영원한 구원이라고 속단하며 내가 주인되어
마음대로 살아온 죄를 용서해 주시옵소서.
예수님이 나의 죄 때문에 자신을 버리사
십자가의 희생으로 나를 구원해 주셨는데도
저는 믿기만 하면 천국간다는 비겁한 신앙으로 변명하며
살아왔습니다.

이제는 믿음과 삶의 행실로 하나님의 말씀을 순종하며
살겠습니다.
기도하지 못해서 영권 없이 살고 하나님의 영광을 가렸습니다.
이제부터는 모든 일에 겸손히 기도로 시작하여 기도로
마치겠습니다.

내 영혼을 돌보지 않은 영적인 게으름을 용서하여 주시옵소서.
내 마음을 돌보지 않은 영적인 무기력함을 용서하여 주시옵소서.
내 생각을 돌보지 않은 영적인 나태함을 용서하여 주시옵소서.
내 생각을 관리하지 않고 불의로 마음을 더럽혔습니다.
내 마음을 관리하지 않고 불의로 심령을 더럽혔습니다.
예수님의 십자가 보혈로 용서해 주시옵소서.

예수님의 보혈, 보혈, 보혈을 원합니다.
내 입술을 관리하지 않고 불의로 온몸을 더럽혔습니다.
이제부터는 입을 열면 사랑을 베풀고 내 혀로 인애의 법을 말하며
살겠습니다.
예수님이 주시는 보혈의 능력과 존귀로 옷을 삼고 살겠습니다.
하나님께 기도로 고백하고 마음 먹은대로 살기를 원합니다.

내 유익에 따라 사람들을 배신하며 조급하게 살았습니다.
자기중심적인 생각으로 자만했고 쾌락을 추구하며 산 죄를
용서해 주시옵소서.
경건의 모양은 있었으나 경건한 삶은 살아내지 못했습니다.

알게 모르게 지은 죄, 꿈에서 지은 죄, 무의식적으로 지은 죄
눈으로 지은 죄, 귀로 지은 죄, 입술로 지은 죄, 손과 발로 지은 죄,
몸으로 행한 모든 죄를 예수님의 십자가 피로 용서하여
주시옵소서.
말 하는 것, 보는 것, 듣는 것, 가는 곳을 절제하지 못하며
살아왔습니다.
먹지 말아야 할 것을 먹었고 가지 말아야 할 곳을 가고야
말았습니다.
선한 것을 좋아하지 않고 도리어 악한 생각과 악한 일을 저지른
죄를 용서해 주시옵소서.
나를 사랑하고 타인은 비방하며 교만과 자랑을 일삼은 죄를
용서해 주시옵소서.
삶의 손을 깨끗하게 하지 않고 양심을 속이며 살아왔습니다.
세상 반 신앙 반을 오가며 두 마음을 품고 살아온 죄를 보혈로
용서해 주시옵소서.
죄로 인해 애통해하며 눈물로 고백하며 기도합니다.
내 웃음을 애통으로, 내 즐거움을 근심으로 바꾸는 진정한 회개를
원합니다.
주 앞에서 낮추고 또 낮추는 삶을 살게 하여 주시옵소서.
주님이 나를 공의 가운데 높여 주시는 그날까지 온유와 겸손의
띠를 매고 내려가는 삶을 살게 해주시옵소서.

나의 거룩하지 못한 말과 행동 때문에 주님의 이름이 거룩히
여김을 받지 못하였습니다.

이 어리석은 죄인을 용서하여 주시옵소서.

이 곤고한 죄인을 보혈의 빛으로 비춰 주시옵소서.

보혈의 빛이 내 생각을 비추어 주시옵소서.

내 마음을 비추고 내 심령을 비추어 주시옵소서.

말세에 고통 하는 때는 나의 죄에 대한 영적인 고통입니다.

어리석은 죄에 참여하지 않게 해주시옵소서.

죄인들의 회중을 거부하여 죄인들의 재앙을 받지 않기를
원합니다.

하나님의 무서운 진노의 잔을 마시지 않게 하여 주시옵소서.

온전하게 회개할 때마다 내 영이 찬란한 빛의 옷을 입게 하여
주시옵소서.

나의 이름이 생명책에 기록되는 은혜를 내려 주시옵소서.

사망과 음부가 불못에 던져질 때 나의 영은 천국에서 해 같이
빛나게 하여 주시옵소서.

말씀을 실천하지 못할 것 같아서 일부러 성경을 보지 않고
산 적도 있습니다.

하나님의 뜻을 알고도 준비하지 않고 주님의 뜻대로 살지
못했습니다.

알지 못하고 맞을 일을 행한 이 죄인을 용서해 주시옵소서.

더 많이 받은 자로서 순종하며 살지 못한 죄를
보혈의 피로 용서해 주시옵소서.

하나님께 회개하오니 신실하지 못한 자가 받는 벌을 면하여
주시옵소서.

먹고 마시며 허송세월을 보내 온 지난날을 회개합니다.

술 취하여 헛된 말을 하고 세상에 취하여 세상 방식대로 살아왔습니다.

마음 놓고 살아왔고 몸이 원하는 대로 죄지으며 정욕대로 살았습니다.

주님 내 영혼을 더럽힌 죄악을 보혈의 피로 깨끗이 씻어 주시옵소서.

이제부터 버리는 종이 되어 하나님 나라에서 으뜸 되는 자로 살게 하여 주시옵소서.

내 가치관을 버리고 세상의 방식을 버리고 살기를 원합니다.

마귀가 주는 세상 껍데기에 가려 살지 않게 하여 주시옵소서.

내 마음의 가죽을 벗기고 내 생각의 찌꺼기를 버리고 살게 하여 주시옵소서.

주님이 땅에 불을 던지러 오셨사오니 내 심령에 먼저 그 불을 던져주시옵소서.

성령의 뜨거운 불을 받아 내 마음이 복음의 열정으로 가득차기를 원합니다.

예배를 드리고 말씀을 듣고 선을 행할 줄 알면서도 행하지 않았습니다.

행함 없는 믿음과 사랑이 없는 믿음을 용서해 주시옵소서.

말씀을 알고도 희생이 두려워 불순종한 죄를 용서해 주시옵소서.

이제부터는 순종은 속히 하고 죄에는 미련하게 살겠습니다.

주님을 믿으면서도 내가 아프고 손해 보는 것에만 집중했습니다.

주님을 믿으면서도 내가 힘든 것에만 이기적으로 생각했습니다.
저는 어리석게도 안정될수록 움켜쥘수록 더 많은 죄를 짓고
말았습니다.
십자가에서 죄의 탐욕과 자아가 온전히 죽지 못한 것을 예수님의
보혈로 용서해 주시옵소서.

하나님의 일을 내 열심과 내 의로 했던 죄를 용서해 주시옵소서.
내 목적을 위하여 사람들을 이용하고 내 욕심으로 나를 돋보이기
위해 예수님의 이름마저 사용하고 살아왔습니다.
하나님의 영광을 가로채고 내 의를 높인 교만을 용서해
주시옵소서.
사람들의 칭찬으로 나를 교만하게 만들고 그 칭찬이 우상이 되어
높임을 받은 가장 어리석은 교만한 죄를 용서해 주시옵소서.
이제부터는 하나님의 열심으로 일하고 성령으로 봉사하며
하나님의 의로 살아가도록 힘쓰겠습니다.
주님 오실 날이 가까웠는데도 세상에 빠져 즐기고 생활의 염려를
하며 성령님을 근심하게 만들었습니다.
지금부터는 정신을 차리고 근신하여 기도로 깨어 있겠습니다.
성령의 기름을 준비하겠습니다.

보혈을 의지하여 내 죄악을 자백하고 모든 죄를 던져
버리겠습니다.
하나님께서 저를 불쌍히 여겨 주시옵소서.
탐욕과 정욕의 죄도 버립니다.

비워진 자리에 성령으로 채워 주시옵소서.
하나님께 헌금을 드린다고 하면서도 눈 먼 희생제물을
바쳤습니다.
저는 것과 가치 없는 것을 드려 악을 행하였습니다.
이제부터는 믿음의 제물을 드리고 온전한 내 삶을 드리겠습니다.
주님이 기뻐하시면 나도 함께 기뻐하겠습니다.
회개의 제물을 내 삶의 열매로 드리게 하여 주시옵소서.

헛된 것을 따라 헛되이 말하고 행한 죄를 용서해 주시옵소서.
사람을 의지하고 헛되이 도움을 바라며 살아왔습니다.
사람의 전통을 교훈 삼아 잘못 가르치고 산 죄를 용서해
주시옵소서.
육신의 생각을 따라 헛되이 말하고 행하여 거짓되게 살았습니다.
주님의 은혜를 세상 것과 맞바꾸며 받은 은혜를 다 쏟아
버렸습니다.
주님~ 이 어리석은 죄인을 용서하여 주시옵소서.
해도 해도 안 되는 이 죄인을 포기하지 말아 주시옵소서.
끝까지 주님의 손을 붙잡고 끝까지 믿음을 지키기를 원합니다.

예수님이 나의 죄를 위해 십자가에서 죽으시고 삼일만에 부활하신
것을 마음으로 믿고 고백합니다.
모든 죄를 용서받아 예수님의 생명책에 내 이름이 기록되게 하여
주시옵소서.
지옥 갈 인생을 구해 주신 예수님께 빚진자로 살기를 원합니다.

예수님이 길이요, 진리요, 생명이신 것을 믿습니다.

예수님이 부활이요, 생명이신 것을 믿습니다.

예수님을 믿으면 죽어도 살겠고 살아서 믿는 자도 영원히 죽지
않을 것입니다.

부활의 자녀로서 하나님의 자녀됨을 믿습니다.

선한 일을 행하여 생명의 부활이 되게 하여 주시옵소서.

그리스도와 함께 부활의 권능과 그 고난에 참여함을 알게 하여
주시옵소서.

오늘도 어떻게 해서든지 죄를 버리고 부활에 이르려고
몸부림칩니다.

예수님을 믿으면 나도 주님처럼 부활의 몸을 입을 수 있음을
믿습니다. 아멘! 아멘! 아멘!

주여! 주여! 나를 도우시고 이 모든 죄의 구덩이에서 건져내
주시옵소서.

사랑으로써 역사하는 믿음을 주시고 모든 죄를 예수님의 보혈로
씻어 주시옵소서.

하나님을 잊고 악을 행하면서 깨닫지 못한 죄가 있습니다.

말씀을 온전히 순종하지 않고 충성하지 못한 죄를 용서해
주시옵소서.

나의 성격이 하나님의 거룩한 성품이 되게 하여 주시옵소서.

나의 인격이 하나님의 깨끗한 인품이 되게 하여 주시옵소서.

자연스러움 속에 있는 죄와 교훈의 풍조를 따른 죄를 회개합니다.

이 회개를 가로채는 마귀 사탄 귀신의 세력들아 예수님의
이름으로 묶임 받고 떠나갈지어다.
이제부터는 회개 된 깨끗한 주님의 성품과 인품을 가지고 살아갈
수 있도록 힘써 노력하겠습니다.
내가 겪은 상처와 교만이 나에게서 나온 욕심이라는 것을 알게
되었습니다.
내가 피해자라며 억울해 하고 내 중심적으로 생각한 이기적인
죄의 본성을 용서해 주시옵소서.
나에게 피해의식을 주는 악한 영들아 예수님의 이름으로
떠나가라.

나만 억울하다고 생각한 감정도 이제 와서 보니 남에게
인정받으려고 한 자기의였습니다.
입술로 말한 서약을 지키지 못한 죄를 용서해 주시옵소서.
불안이 나를 지배하도록 내버려 둔 것을 사하여 주시옵소서.
내 겉사람과 속사람이 죄로부터 완전히 해방되기를 간구합니다.
나에게 죄 지은 모든 사람을 용서하오니 나의 죄도 사하여
주시옵소서.
내 손을 잡고 회개의 영을 부어주신 성령님께 감사드립니다.
주홍빛 같은 내 죄를 보혈의 피로 용서해주신 예수 그리스도의
이름으로 간절히 기도합니다. (아멘. 아멘. 아멘)

여호와는 마음이 상한 자를 가까이 하시고 중심으로 통회하는 자를
구원하시는도다 시편 34:18

더 깊은 회개기도

너희의 죄가 주홍 같을지라도 눈과 같이 희어질 것이요 진홍같이

붉을지라도 양털같이 희게 되리라 이사야 1:18

하나님께서 구하시는 예배는 상한 심령입니다.

하나님이 나를 불쌍히 여겨 주셔서 상하고 통회하는 내 마음을

받아 주시옵소서.

예수님이 흘려주신 피로써 내 죄악이 깨끗이 씻기게 하여

주시옵소서.

추하고 더러운 모든 죄를 주님 앞에 다 내어 드립니다.

주님이 모두 가져가시고 새로운 피조물이 되게 하여 주시옵소서.

주의 피로 이룬 보혈의 샘물이 내 마음에 넘치기를 원합니다.

예수님이 흘리신 보혈의 능력을 믿습니다. 아멘. 아멘. 아멘.

회개의 고백이 내 몸과 마음과 영혼을 흔들어 깨우게 하여

주시옵소서.

내 골수와 관절을 찌르시는 회개를 내려 주시옵소서.

주님이 보내 주신 주변 사람들과 화평을 이루지 못하고

살아왔습니다.

내가 하기 싫은 일을 다른 사람에게 하게 한 죄를 용서해

주시옵소서.

나를 세속에서 지켜내지 못하고 내 몸을 쾌락에 내어주며
거룩하지 못했습니다.
예수님의 십자가 피로 용서하여 주시옵소서.
예수님의 거룩을 지켜 드리지 못했고 그 이름을 부끄러워했던
적도 있습니다.
이제부터는 거룩의 옷을 입고 예수님의 이름을 선포하며
살겠습니다.
하나님의 대리자 역할을 올바로 하지 않고 연약한 사람들에게
말로 상처 주고 죄짓게 만들었습니다.
필요에 따라 사람을 만나고 판단하며 사랑하지 못했습니다.

내 삶이 거짓되고 위선된 것을 용서해 주시옵소서.
하나님의 말씀을 작은 것부터 지키지 않고 순리를 거스른 죄를
지었습니다.
모든 말씀을 온전히 믿지 못하고 내 경험과 지식이 앞섰습니다.
돈을 좋아하고 이기적이며 자기중심적인 삶을 용서해 주시옵소서.
칭찬에 목말라 하고 자아의 만족을 추구하며 자아를 우상처럼
섬겼고, 교만한 마음으로 인정받고 싶은 욕구를 갈망한 죄를
지었습니다.
성령 안에서 죄 씻음 받아 거룩함과 의롭다 하심을 얻게 하여
주시옵소서.
내가 갖지 못한 것을 탐심하여 욕심부린 죄를 예수님의 보혈로
용서해 주시옵소서.
이루지 못한 목표를 죄의 핑계로 삼아, 제 잘못을 환경 탓으로

돌리고 합리화한 기만을 용서해 주시옵소서.

죄인 것을 알면서도 이익이 되면 속이고 합리화하며 살았습니다.

죄를 짓고 마는 고집스런 교만을 예수님의 십자가 보혈로 용서해
주시옵소서.

순간을 모면하는 거짓말, 교활한 생각, 거짓으로 나를 방어한 죄를
용서해 주시옵소서.

숨은 것이 드러나지 아니할 것이 없고 감추인 것이 알려지고
나타나지 않을 것이 없습니다.

내가 어떻게 들을까 스스로 삼가게 하여 주시옵소서.

내 마음이 교만하여 내일도 살아 있을 거라고 자신하며
살아왔습니다.

하루 동안에 무슨 일이 일어날는지 알 수 없는 내 인생을 불쌍히
여겨 주시옵소서.

속이는 것은 하나님을 조롱하는 행위입니다.

지금까지 수없이 하나님을 조롱하며 살아온 죄를 보혈로 용서해
주시옵소서.

나만 생각하고 남을 배려하지 않는 이기적인 삶을 용서해
주시옵소서.

이제부터는 예수님을 생각하고 계명을 온전히 지키며 살겠습니다.

옛 사람의 본성과 습관대로 행동하여 죄의 법에 종노릇 했습니다.

죄의 쓴 뿌리를 방치하고 세상의 방법대로 죄를 키워왔습니다.

허망한 것을 좋아하고 세상 것에 즐거워하며 나이를 먹으면서
지은 모든 죄를 용서해 주시옵소서.

그리스도 안에서 참 말을 하지 않고 거짓말한 죄를 용서해
주시옵소서.
나에게 큰 근심이 있는 것과 마음에 그치지 않는 고통이 있습니다.
근심으로 내 심령을 상하게 만든 어리석음을 용서해 주시옵소서.
내 양심이 성령 안에서 온전해지기를 원합니다.

남을 미워하고 다투며 살아왔고 생각과 마음으로 남을 살인하며
사랑하지 못했습니다.
나에게 상처 준 모든 사람들을 성령의 힘으로 용서할 수 있는
믿음과 사랑을 주시옵소서.
내 심령의 잔을 사랑으로 채워 주시옵소서.
내 생각의 잔과 마음의 잔을 말씀으로 채워 주시옵소서.
사랑의 씨를 품어 사랑의 열매를 맺게 하여 주시옵소서.
사랑으로 살게 하여 주시옵소서.
사랑은 이웃에게 악을 행하지 않는다고 말씀하셨습니다.
어두움의 일을 벗어 버리고 빛의 갑옷을 입혀 주시옵소서.
그리스도의 옷을 입고 사랑하며 살고 싶습니다.
모든 사람들을 있는 그대로 사랑하고 그들이 사랑받고 있다는
것을 느낄 때까지 사랑하게 하여 주시옵소서.
하나님의 말씀 안에서 서로 사랑하고 살겠습니다.
하나님이 내 안에 사랑으로 거하시는 온전한 사랑을 이루어
주시옵소서.

죄를 변명하고 핑계 대는 삶을 살아온 죄를 용서해 주시옵소서.

정직하지 못하고 진실하지 못했습니다.

내가 원하는 것을 하기 위해 죄에 잠깐 내어준 적도 있었습니다.

생각 없이 무익한 말을 한 죄를 예수님의 십자가 피로 용서해
주시옵소서.

입술로 교만하게 욕하고 불평하며 다툼을 만들었습니다.

마음으로는 다른 사람을 이간질하고 입으로는 남의 허물을
드러냈습니다.

미련하고 어두운 생각으로 마음을 더럽힌 죄를 용서해
주시옵소서.

처지를 비관하고 낙담하여 자신을 미워한 죄를 용서해
주시옵소서.

스스로 자괴감에 빠져 자기를 연민하며 살아왔습니다.

마음은 원이로되 망설이며 지체했고 그로 인해 하나님의 뜻을
이루지 못한 죄를 용서해 주시옵소서.

죄를 드러내는 보혈의 능력을 믿습니다.

죄를 깨닫게 해주셔서 내 모든 악한 것들이 남김없이 떠나가게
하여 주시옵소서.

미워하여 수천 마리의 귀신을 내 영혼에 달라붙게 한 죄도
지었습니다.

마음에서 나오는 악한 생각과 말로써 다른 사람의 시간을
도둑질한 죄를 용서해 주시옵소서.

나의 생각과 경험이 내 우상이 되었습니다.

남이 잘 된 것에 부러워하며 시기했습니다.

이웃의 것을 탐내고 악인의 형통을 부러워한 죄를 용서해
주시옵소서.
모르는 사람을 함부로 대하고 이익을 따지며 살아왔습니다.
주변 사람들을 사랑과 화평으로 대하지 않고 나와 맞지 않으면
돌아서 버리고 그 영혼을 생각하지 않고 살아왔습니다.
제 안의 모든 불의와 음행과 탐욕을 용서해 주시옵소서.

남에게 화내고 혈기 부려서 하나님의 의를 이루지 못했습니다.
다른 사람을 비판하고 수군거리며 나를 속여 높인 교만을 용서해
주시옵소서.
내 자랑을 하면서 입술로는 거짓되게 아닌 척하며 살아왔습니다.
하나님~ 위선적인 내 말과 행동을 용서해 주시옵소서.
마음과 생각을 죄의 잔뿌리로 방치하고 세월을 낭비했습니다.
악한 일을 계획하고 약속을 저버리고 무정하며 먼저 화해하지
않은 잘못을 했습니다.
예수님을 믿고 보혈을 의지하여 기도합니다.
모든 추악과 우매한 행동을 용서해 주시옵소서.

생각으로 죄짓고 상처를 키워 원망하고 처지를 비관했습니다.
다툼과 분노로 하나 되지 못하고 자긍하며 높은 곳에 마음을 둔
죄를 용서해 주시옵소서.
겸손한 생각과 겸손한 심령을 내려 주시옵소서.
능력의 말씀으로 죄를 정결하게 씻어 주시옵소서.
보혈의 능력을 믿습니다. 믿습니다. 믿습니다.

부모님의 말을 거역하고 공경하지 않았습니다.
세상의 유혹에 따라 돈을 사랑하며 근심한 죄를 용서해
주시옵소서.
매 순간 감사하지 못하고 거룩한 행실을 저버리고 절제하지
못했습니다.
마귀가 주는 조바심으로 급하게 생각하고 행동하여 하나님의
영광을 가린 죄를 용서해 주시옵소서.
사납게 말하고 냉정하게 행동하여 원통함을 풀지 않으며 정 없이
행동한 죄를 용서해 주시옵소서.
다른 사람을 율법으로 판단하고 정죄하며 심판자 자리에서
교만하게 살아온 저를 불쌍히 여겨 주시옵소서.
하나님의 자비로 심판을 늦춰 주셨지만 시간을 지혜롭게 쓰지
못한 것을 용서하여 주시옵소서.

회개의 기도가 생명의 구원이 되기를 원합니다.
과거의 후회로 내 마음을 낙심하게 만들었고 자족하지 못하며
불평한 죄를 용서해 주시옵소서.
내 육이 여전히 살아 있어 죄에 반응하고 육의 소욕대로
살아왔습니다.
죄에 내어주면 내 영은 소리 없이 죽어가는 것을 알게 하여
주시옵소서.
육체의 소욕은 성령을 거스르고 성령은 육체를 거스릅니다.
내가 하고자 하는 죄를 막아 주시는 분은 오직 내 안에 계신
성령님이십니다. 아멘! 아멘! 아멘!

죄를 지어 성령님을 근심하게 만든 저를 긍휼히 여겨 주시옵소서.

작은 죄와 타협하며 스스로 속이고 안일하게 살아온 육적인 죄를
용서해 주시옵소서.
내가 원했던 성공과 돈과 욕심이 내 목에 연자 맷돌이 되어
사랑하며 살지 못했습니다.
예수님의 보혈로 긍휼히 여겨 주시옵소서.
내가 잘하는 것을 이용하여 스스로 높이고 자고한 죄를
지었습니다.
양심을 속이고 이 세상의 법을 어기며 살았습니다.
죄와 타협하여 양심에 화인 맞아 스스로 속인 죄를 용서해
주시옵소서.
환경에서 오는 마음의 고통과 육신의 질병과 가정의 고통을
용서해 주시옵소서.
죄의 열매와 죄의 결과를 보혈로 씻어 주시고 죄의 쓴 뿌리를
성령의 불로 남김없이 태워 주시옵소서.

살아가는 동안 눈에 보이는 것을 더 믿고 하나님께 기도하지 않고
믿음 없이 좌우로 치우치며 살아온 죄를 용서해 주시옵소서.
모든 죄를 버리고 성령의 사람, 기도의 사람이 되게 하여
주시옵소서.
영의 사람이 되어 서로 사랑하며 이웃과 일치된 삶의 결합으로
살게 하여 주시옵소서.
하늘의 법과 말씀이 기준이 되는 삶을 주시옵소서.

죄의 길을 없애 주시고 나의 갈 길을 밝히 보여 주시옵소서.

생각과 마음을 속이고 교만한 눈과 거짓된 혀를 용서해
주시옵소서.

성령의 기름을 사역의 영에게 속아 죄 가운데 빼앗기며
살아왔습니다.

슬기로운 처녀가 되어 성령의 기름을 지키고 유지하여 절대로
등불이 꺼지지 않게 하겠습니다.

악한 생각과 마음에서 생기는 모든 죄를 십자가의 피로 용서해
주시옵소서.

죄를 품어 세마포를 더럽힌 죄와 복음을 전하지 않은 죄를 용서해
주시옵소서.

습관적인 근심과 생활의 염려로 마귀에게 밥을 준 죄를 용서해
주시옵소서.

세상의 유행과 문화를 따라 영을 생각하지 않고
죄짓고 시간낭비 했습니다.

심판대 앞에서 책망받게 될 무익한 말과 무익한 생각과 마음을
용서해 주시옵소서.

몸의 정욕에 따라 행한 죄를 보혈로 씻어 주시옵소서.

내 어두운 심령에 "빛이 있으라" 말씀하여 주시옵소서.

거듭난 내 영혼에 빛을 뿌려 주시고 정직한 기도에 기쁨을 뿌려
주시옵소서.

안식일을 온전히 거룩하게 지키지 못하고 마음 없이 예배만
형식적으로 드리고 세상놀이와 쾌락을 추구하며 살아왔습니다.

나를 사랑하고 돈을 사랑하며 감사하지 않고 살아온 죄를 보혈로
용서해 주시옵소서.
배신하고 조급하며 자만하고 사납게 말하고 행동한 죄를 용서해
주시옵소서.
내가 잘하는 것을 자랑하여 남에게 좌절을 안겨주었습니다.
모함하고 절제하지 못하고 선한 것을 좋아하지 않았습니다.
세상과 구별되지 못하고 거룩하지 못하고 원통함을 먼저 풀지
않고 살아왔습니다.

쾌락 사랑하기를 하나님 사랑하는 것보다 더하고 살아온 죄를
지었습니다.
경건의 모양은 있으나 경건의 능력을 부인하는 자가 저였습니다.
예수님을 죄로 채찍질하며 넘겨준 쳐 죽일 자가 저였습니다.
자기의 정욕에 따라 행하며 죄의 열매들을 방치한 죄를 용서해
주시옵소서.

마음이 높아지고 뜻이 완악하여 교만한 눈으로 행한 죄가
있습니다.
교만하면 주님이 주실 나의 영광도 빼앗기는 것을 알게 하여
주시옵소서.
나의 존영이 죄로 인해 잃어버리지 않게 하여 주시고 나의 거룩한
위엄이 악한 자에게 빼앗기지 않기를 원합니다.
하늘의 위엄과 천국의 품격이 아름다운 영예가 되기를 원합니다.
죄는 버리고 버려서 하늘의 것을 더 받아 누리기를 간구합니다.

죄를 버릴 때 고침을 받을까 두려움을 주는 악한 영들아 예수님의
이름으로 명하노니 무저갱으로 떠나갈지어다.
내가 고침 받으면 너희 악한 영들은 떠나가야 하므로 두려워하는
마음을 주는 것을 알고 있다.
나는 예수님의 이름으로 죄를 이기고 다스리고 다 버려서
하나님의 의를 이룰 것이다.
습관적인 죄를 전부 버리고 하나님이 주시는 영원한 것을 취할
것이다. 예수님의 권세가 나의 권세임을 믿습니다.

내 죄의 짐으로 주님을 수고롭게 했습니다.
내 죄악으로 주님을 괴롭게 만들었습니다.
사람 앞에 보이려고 꾸며 놓은 위선을 용서해 주시옵소서.
긴 시간을 마당만 밟고 살아온 어리석은 죄인의 자백을 받아
주시옵소서.
할 수만 있다면 택하신 자들도 미혹하는 말세에 더욱 깨어
기도하기를 원합니다.
내가 듣기 싫고, 읽기 싫은 말씀은 버려두고 내 방식대로 만들어
놓은 하나님을 우상숭배하며 살아온 죄를 용서하여 주시옵소서.
주님이 주신 십자가의 고난을 순종하지 않고 내가 하는 일에
마음을 빼앗겨 하나님과의 동행을 잊은 채 내 생각대로 주인되어
살아왔습니다.

하나님 앞에 계산적인 믿음, 계산적인 사랑, 계산적인 순종을
보혈로 용서해 주시옵소서.

죄의 문 앞에서 서성이고 사람의 정에 따라 감정적인 믿음을 가진
죄를 용서해 주시옵소서.
내 몸을 악에게 내어주고 하나님의 선을 외면한 죄를 지었습니다.
하나님, 내 안에 성령의 빛을 비추어 천국의 영광을 소망하며 살게
하여 주시옵소서.
성령께서 회개하는 자에게 긍휼을 베푸시고 능력을 주실 것을
믿습니다.
마음을 놓고 살아가는 것이 죄의 시작임을 알게 하여 주시옵소서.
외로움과 슬픔의 문을 열어놓고 과거의 상처를 버리지 못한 죄를
예수님의 피보혈로 용서해 주시옵소서.
세상의 인정과 성공을 생각하며 하나님의 말씀과 하나님의 일을
저버린 죄를 용서해 주시옵소서.

죄를 더욱 엄격하게 다스리기를 원합니다.
내가 인정받고 좋아하는 사람과 함께하며 위선된 섬김을 하고
복음을 핑계 삼아 세상 놀이에 죄를 합리화한 어리석음을 용서해
주시옵소서.
다른 사람의 허물을 보지 않고 나를 들여다보는 은혜를
주시옵소서.
앞으로는 주와 합하는 사람이 되겠습니다.
책망할 것이 없는 자로 끝까지 견고하게 완주할 수 있도록
도와주시옵소서.
가장 낮은 곳에서 가장 빛나는 겸손과 사랑으로 살기를 원합니다.
낮아지고 낮아지고 내려가고 내려가게 하여 주시옵소서.

사람들에게 가르치는 것처럼 그대로 살지 않은 위선을 예수님의
보혈로 용서해 주시옵소서.
주님이 맡겨 주신 작은 일에 충성을 다하지 못한 죄를 용서해
주시옵소서.
말씀대로 사는 것을 진리로 가르쳐서 말씀과 성령으로 살기를
원합니다.
하나님의 높은 소명으로부터 거룩한 직분을 얻게 하여
주시옵소서.

부활하신 예수님이 내 마음에 임하여 주시옵소서.
예수님의 피뿌림이 사랑이 되어 내 마음에 뿌려지게 하여
주시옵소서.
예수님의 보혈을 믿음으로 마십니다.
보혈이 사랑이 되게 하여 주시옵소서.
보혈이 인내가 되게 하여 주시옵소서.
보혈이 절제가 되게 하여 주시옵소서.
보혈이 기쁨이 되게 하여 주시옵소서.
말씀이 양선이 되게 하여 주시옵소서.
말씀이 온유가 되게 하여 주시옵소서.
사랑하는 예수님의 심령이 되기를 원합니다.
사랑하는 예수님의 발걸음이 되기를 원합니다.
사랑하여 보는 눈과 사랑하여 듣는 귀가 되기를 원합니다.
작은 고난을 마치 큰 것인양 말로 과장하여 사람들의 위로를 사려
했고 그 속에서 나를 높이는 자기의와 교만을 용서해 주시옵소서.

올바르지 않은 것을 방치하고 나를 돌보지 않고 타인을 돌보지
않았습니다.
하나님 저는 무자비하고 잔인하며 사악한 자입니다.
지옥의 극형을 받아 마땅한 저를 구원해 주셔서 감사합니다.
저는 내가 원수라고 말한 그들보다 훨씬 중한 죄인입니다.
너무나 보잘것 없는 저를 용서해 주시옵소서.
악한 원수보다 못한 저를 용서해 주시고 원수보다 더 타락한 저를
구원해 주셨사오니 이제부터는 계명을 지키며 살겠습니다.
모든 죄를 예수님의 보혈로 용서받고 죄를 과감히 버리겠습니다.

순종하는 듯하였지만 순종하지 못했습니다.
기도하는 듯하였지만 기도하지 못했습니다.
겸손하는 듯하였지만 겸손하지 못했습니다.
자족한 듯 살았지만 자족하지 못했습니다.
정직한 듯 살았지만 정직하지 못했습니다.
거룩한 듯 살았지만 거룩하지 못했습니다.
스스로 착각하여 된 줄로 알고 속이며 살아온 죄를 용서해
주시옵소서.
작은 죄를 타협하며 살아온 죄를 예수님의 십자가 보혈로
용서하여 주시옵소서.
하나님 아버지, 내가 내 입으로 말실수를 하여 내 영혼을 학대한
죄도 지었습니다.
보는 것을 잘못 보고 듣는 것을 잘못 들었습니다.
올바르지 않은 생각과 행동을 보혈로 깨끗이 씻어 주시옵소서.

하나님, 나의 모든 죄를 가져가시고 하나님의 은혜로 채워
주시옵소서.
하나님, 나의 모든 악을 가져가시고 하나님의 의로 바꾸어
주시옵소서.
내가 죄를 지을 때마다 마귀에게 밥을 주어 넘어진 죄에서 또
넘어지는 죄를 지었습니다.
스스로 긍지를 가지고 교만한 마음을 키워왔습니다.
죄악된 욕망을 품고 그 죄를 키워서 혈기 부린 죄를 용서해
주시옵소서.
혈기대로 생각하고 감정대로 말하고 혈기 부려 행동한 죄를
용서해 주시옵소서.
죄를 지을 때마다 그 자리에서 바로 바로 회개하게
도와주시옵소서.

교만하고 거짓되고 음란하며 위선된 모든 죄의 흔적을 보혈로
깨끗하게 지워 주시옵소서.
하나님께서는 나의 죄를 기억하지 않으실 능력이 있음을
믿습니다.
성령의 불이 회개의 불세례가 되게 하여 주시옵소서.
상처 속에 숨어있는 나의 의와 외로움을 보혈로 용서해
주시옵소서.
죄악된 소리를 듣게 내어주어 내 심령을 상하게 만든 죄를 용서해
주시옵소서.
답답한 마음속에 숨어있는 내 교만한 죄를 알게 되었습니다.

답답한 것도 내가 교만하여 생기는 죄였음을 고백합니다.
예수님의 십자가 보혈로 용서해 주시옵소서.

겉으로 사랑하는 듯한 모습 속에 숨겨진 나의 위선을 용서해
주시옵소서.
하나님 아버지, 남에게 상처받으면서 내 안에 들어온 죄가
있습니다.
내가 상처받아서 억울하다고 하기 전에 나도 다른 사람에게
상처를 주고 남의 마음을 죽이며 살아온 죄를 먼저 용서해
주시옵소서.
지금 와서 보니 내가 받은 그 상처가 남을 아프게 한 또 다른
상처가 되었습니다.
내 자신이 상처의 문을 열어놓아 생기게 된 어리석은
행동이었음을 자백합니다.
주님, 내가 과거에 받은 이 상처 속에 남아 있는 잠재적인 죄까지도
예수님의 십자가 보혈로 깨끗이 씻어 주시옵소서.

하나님 아버지, 교회 일을 하면서 인정받고 싶어 했던 숨겨진 자기
의를 예수님의 보혈로 용서해 주시옵소서.
주의 이름으로 한다고 하였으나 속으로는 인정받기를 원했고
주를 위한다고 하였으나 내 이름과 유익을 위해서 했습니다.
하나님의 열심 속에 내 열심을 교묘하게 섞어 속이며 살아온 죄를
보혈의 피로 용서해 주시옵소서.
선을 행할 줄 알고도 행하지 않은 죄를 회개합니다.

거짓 자아에 속아서 스스로 죄의 무덤을 만들고 죄의 덫에 걸리게
만든 어리석은 저를 불쌍히 여겨 주시옵소서.
하나님의 일을 해 놓고도 사람들의 말과 반응을 살피면서
사람따라 생각하고 행동했습니다.
하나님, 사람따라 반응하지 말고 말씀따라 반응하게 하여
주시옵소서.

사업과 일이 잘되어 웃고 살면서 안일한 마음으로 행동하고
살아왔습니다.
하나님 내 육신의 안정으로 지옥길에 들어서지 않기를 원합니다.
모든 사람에게 칭찬받으려고 한 죄를 용서해 주시옵소서.
넓은 길 끝에 넓은 문이 있다는 것을 기억하고 살겠습니다.
복음과 거꾸로 가는 길은 좁은길이 아니요, 생명길도 아닙니다.
내 마음에 희생과 사랑이 없는 길은 넓은 길이요, 지옥길입니다.
자기만족으로 살아온 죄를 용서해 주시옵소서.
이제부터는 내 중심이 아닌 예수님 중심으로 살겠습니다.
하나님 중심, 예수님 중심, 말씀 중심, 성령의 뜻대로 살기를
원합니다.
내 심령의 중심에 성령의 불기둥을 세워 주시옵소서.
내 생각의 중심이 여호와의 불기둥이 되게 하여 주시옵소서.
내 삶의 중심이 말씀이 되기를 간구합니다.
사람들의 눈치를 보며 살아온 거짓된 삶을 용서해 주시옵소서.
사람 눈치 살피며 회칠한 무덤으로 살아온 죄를 용서해
주시옵소서.

내 들보는 보지 못하고 경솔하게 남을 충고하고 가르치며 살아 온
죄를 용서해 주시옵소서.

회개의 불이 임하여 내 심령에 십자가의 대로를 크고 넓게 뚫어
주시옵소서.

내 마음에 거짓이 있는데도 좋게 말하는 위선과 사랑이 없는데도
진실된 것처럼 행동한 죄를 지었습니다.

마귀의 유혹을 덥석 입에 물고 죄의 종노릇하며 주님의 이름을
무참히도 짓밟고 더럽히며 살아왔습니다.

지금까지 마귀가 주는 칭찬의 대접을 다 받아 누리고 나도 모르는
중에 교만의 면류관을 쓰고 다닌 어리석은 죄를 지었습니다.

사람들이 주는 대접을 이유 없이 다 받아먹고 살다가 양심에 화인
맞아서 죄로 인식조차 못한 죄를 용서해 주시옵소서.

기도하는 것이 자랑이 된 것도 용서해 주시옵소서.

기도 많이 한 것을 누가 좀 알아줬으면 하는 생각을 용서해
주시옵소서.

내 허물을 깨닫게 도와주시고 나를 숨은 허물에서 벗어나게 하여
주시옵소서.

선행하는 나 좀 알아줬으면 하는 자기의를 용서해 주시옵소서.

기도하는 자기의, 헌금하는 자기의를 용서해 주시옵소서.

직분자가 가진 자기의, 설교하는 자기의, 복음 전하는 자기의를
용서해 주시옵소서.

사람들의 말과 행동을 의식하며 살아왔습니다.

상황따라, 환경따라, 기분따라, 감정따라 지은 죄를 용서해
주시옵소서.
실망과 좌절과 낙심 가운데 지은 죄를 용서해 주시옵소서.
예전에 누렸던 사람들도 다 죽었고 과거에 가졌던 사람들도 다
죽어 없어졌건만 저는 세상이 주는 대로 더 누려 보려고 했고 더
움켜쥐고 가져 보려고 한 어리석은 죄인입니다.
속는 것도 죄였고 타협하는 것도 죄였습니다.
생각과 마음으로 남 모르게 짓는 것도 다 죄였음을 인정합니다.
모든 것이 죄뿐인 내 삶을 예수님의 보혈이 살려주셨습니다.

내가 편한대로 생각하고 말하며 내 중심적인 삶을 살아왔습니다.
안일함 속에서 작은 죄를 경시한 것을 고백합니다.
작은 죄를 멈추지 않으면 그 죄가 쌓여 내 영을 죽게 만듭니다.
"이 정도면 괜찮겠지"라고 생각한 안일한 죄악을 용서해
주시옵소서.
내 연민에 빠져 나만 불쌍한 사람으로 합리화한 죄를 용서해
주시옵소서.
예수님을 믿는다고 말하면서도 내 유익대로 살고 십자가를
이용하여 또 죄를 짓고 내 몸을 죄의 종이 되게 살아 온 죄를
용서해 주시옵소서.
마귀가 악한 생각을 집어넣어 줄 때마다 그 악을 붙잡고 행동한
죄를 지었습니다.
내 마음에 좋은 대로 살아왔고 내 생각에 옳은 대로 살아 온 것을
회개합니다.

주의 종에게 고의로 죄를 지어 판단하고 험담했습니다.
주의 기름부음 받은 자를 비방했던 죄를 용서해 주시옵소서.
죄가 나를 주장하지 못하게 하여 주시옵소서.

케이크에 촛불 켜 놓고 소원을 빌었고 새해 첫날 태양이 떠오르는
것을 보며 소원을 빌었습니다.
까치가 울면 손님이 올 거라는 기복신앙도 있었습니다.
잘못된 것에 미련한 생각으로 우상숭배 한 죄를 용서해
주시옵소서.
타로점과 운세를 따져 보고 제사지낸 것과 무당을 찾아가서 점친
죄를 용서해 주시옵소서.
죄를 지어 놓고도 잊어 먹은 죄, 죄가 아니라고 생각한 죄,
죄인지도 모른 채 지은 죄를 보혈로 용서해 주시옵소서.

나의 죄 때문에 예수님이 가시관을 쓰시고 피 흘리며 계신 것을
생각하며 회개의 합당한 열매를 맺고 살기를 원합니다.
상대방의 말 한마디에 기분 나쁜 것을 느낀다면 아직도
내 자아가 죽지 않아 교만한 죄성을 가지고 있는 증거가 됩니다.
그리스도 우리 주 예수님 안에서 날마다 죽게 하여 주시옵소서.
날마다 내 자아를 부인하기 위하여 수시로 기도하고 항상 쉬지
않고 기도하겠습니다.
흘러가는 시간을 성령으로 붙잡기를 원합니다.
흘러가는 시간을 말씀으로 붙잡기를 원합니다.
주님 오실 날을 기다리고 준비하며 세월을 아끼겠습니다.

하늘의 것으로 채워 주시옵소서.
하나님의 영이 내 위에 임하게 하여 주시고
하나님의 영광이 내 영을 덮어 주시옵소서.
예수님의 이름을 위해 당하는 모든 외로움은 최고의 축복임을
믿고 살겠습니다.
하나님보다 앞서지도 않고 뒤쳐지지도 않는 온전한 동행이 되게
하여 주시옵소서.
오늘도 입술의 파수꾼을 세워 주셔서 말로써 죄짓지 않게
도와주시옵소서.
생각의 문과 마음의 문을 예수님의 이름으로 굳게 지키기를
원합니다.
말의 훈련으로 입술을 연단하겠사오니 입술의 권세를 주시옵소서.
생각의 훈련을 하여 생각의 권세를 받기를 원합니다.
마음의 연단으로 거룩한 심령을 이루어 주시옵소서.
양심의 훈련으로 더욱 깨끗한 심령으로 거듭나기를 간구합니다.
보고 듣고 말하고 생각하는 모든 것에 죄가 되지 않도록 연단하고
훈련하겠습니다.

내가 고백하지 못한 모든 죄까지도 용서해 주실 것을 믿고
예수님의 이름으로 보혈을 의지하여 간절히 간절히 기도합니다.
(아멘. 아멘. 아멘.)

무릇 내가 사랑하는 자를 책망하여 징계하노니 그러므로 네가 열심을

내라 회개하라 계3:19

승리기도

하나님께로부터 난 자마다 세상을 이기느니라 요일 5:4

세상에서 너희가 환난을 당하나 담대하라 내가 세상을
이기었노라. 아멘. 아멘. 아멘.
오늘도 예수님의 피 묻은 손을 붙잡고 성령님을 의지하여
기도합니다.
예수님의 손이 나를 붙잡고 있으므로 모든 죄를 이기고
승리할 수 있습니다.
성령의 손이 나를 붙잡고 있으므로 모든 죄를 다스리고
이길 수 있습니다.

보는 죄를 이기게 도와주시옵소서.
말하는 죄를 이기게 도와주시옵소서.
듣는 죄를 이기게 도와주시옵소서.
생각하는 죄를 이기게 도와주시옵소서.
상상하는 죄를 이기게 하여 주시옵소서.
마음에 품은 죄를 이기게 하여 주시옵소서.
두 마음을 품으면 죄로 넘어지는 것을 기억하고 살겠습니다.
행하는 죄를 영으로써 다스리고 이길 수 있기를 원합니다.
예수님의 보혈은 보고 듣고 생각하는 모든 죄를 다스리고 이길 수 있으십니다.

예수님의 보혈은 마음에 품은 죄와 행하는 모든 죄를 능히 이길 수
있음을 믿습니다.

예수님이 주신 보혈의 옷을 항상 입고 살게 하여 주시옵소서.

성령의 불옷을 입고 보혈의 권세를 입어 죄와 싸워 승리하게 하여
주시옵소서.

예수님의 보혈을 입은 보혈의 갑옷을 주시옵소서.

모든 죄를 이길 수 있게 도와주시옵소서.

예수님의 피뿌림이 내 연약한 죄에 뿌려지기를 원합니다.

사망이 쏘는 죄를 이기게 하여 주시옵소서.

성령의 불로 모든 죄의 잔뿌리를 완전히 태워 주시옵소서.

창조주 하나님 앞에서 피조물 마귀는 아무것도 아님을
기억하겠습니다.

예수님의 이름 앞에서 마귀, 사탄, 귀신들이 할 수 있는 일은
아무것도 없음을 믿습니다.

당황한 마귀가 한 길로 왔다가 일곱 길로 흩어지게 하여
주시옵소서.

모든 승리의 열쇠는 예수님의 보혈과 성령의 능력임을 믿습니다.

천국의 열쇠를 주신 아버지 하나님과 나의 주 예수님과 내 안에
계신 성령님을 찬양합니다.

마귀는 사랑과 용서를 이길 수 없습니다.

예수님의 보혈과 성령의 능력으로 마귀를 이길 수 있게
도와주시옵소서.

나는 예수님의 권세를 하늘로부터 부여 받았으므로 더 큰 힘을
얻어 항상 승리할 것입니다.
내가 예수님을 의지하면 무조건 이길 수 있음을 믿습니다.
이기는 자의 상급을 받게 될 것입니다.
이기는 자의 칭찬을 얻게 될 것입니다.
승리하는 자의 영광을 주시옵소서.

예수님은 십자가로 마귀의 일을 완전히 제압하시고 멸하셨습니다.
불의 능력을 받아 항상 이기는 자가 되게 하여 주시옵소서. 아멘.
사망과 음부의 열쇠를 가지신 예수님이 마귀를 불못에 던져
넣으실 권세가 있으시니 마귀는 아무것도 아님을 믿습니다.
사망과 음부가 죽은 자들을 내어 줄 때 죄인은 심판받게 되지만
보혈을 힘입어 의인된 나는 상급 받게 될 줄로 믿습니다.

영으로 깨닫는 자가 되어 영으로 기도하기를 원합니다.
모든 이름 위에 뛰어난 예수님의 이름은 나의 소망이십니다.
예수님 이름 안에는 치유의 권세가 있음을 믿습니다.
영적인 모든 치유도 우리 주 예수 그리스도이심을 믿습니다.
예수님의 권세로 치유 받아 질병도 이기게 하여 주시옵소서.
질병의 고통에서도 예수님의 피 묻은 손을 붙잡으면 승리할 수
있음을 믿습니다.
말씀을 믿음으로 선포하면 질병의 영들이 무너지고 소리치며
떠나감을 믿습니다.
믿음으로 선포하는 말씀에 하나님의 기적이 일어납니다.

하나님의 영광이 임하고 말씀이 선포될 때 기적을 볼 수 있음을
믿습니다.
하나님의 영광이 내게 임하고 내 영이 하나님의 영광을 보게 하여
주시옵소서.

하나님의 온전한 계획 안에서 승리하기를 원합니다.
나에게 적용되는 예수님의 능력을 기적으로 나타내 주시옵소서.
내 모든 죄를 십자가에서 해결해 주신 예수님을 찬양합니다.
예수님의 이김은 나의 이김이 됩니다.
예수님의 기쁨도 나의 기쁨이 됩니다.
모든 것 위에 계시고 모든 것을 하나로 통일하신 예수님이
나의 편이 되어 주시니 아무것도 두려워하지 않겠습니다.
새롭게 창조하실 예수님이 내 신랑 되시니 신부의 권세를 받아
모든 죄를 다스리고 이길 수 있음을 믿습니다.

넘어진 자리가 하나님을 드러내는 거룩한 장소가 되게 하여
주시옵소서.
처음부터 마지막까지 영원한 기쁨과 만족을 주시는 예수님이
내 영혼을 소생시켜 주시니 내 마음이 강해지고 있음을 믿습니다.
예수님의 보혈로써 승리는 내 것입니다.
예수님의 보혈로써 치유는 내 것입니다.
예수님의 보혈로써 천국은 내 것이 될 것입니다.
부와 지혜와 힘과 존귀를 가지신 예수님이 나의 보호자 되어
주시니 땅의 사람들을 두려워하지 않고 살겠습니다.

예수님의 부와 지혜를 믿음으로 취하여 이기고 승리할 것입니다.
내가 기도로 간구하는 날에는 주께서 나와 가장 가까이 계시기
때문에 모든 죄를 다스리고 통치 할 수 있음을 믿습니다.
기도하면 죄를 이길 수 있는 강력한 힘이 생깁니다.
내 입에 선포된 불을 넣어 주셔서 치유의 불이 나가게 하여
주시옵소서.
불같은 말씀은 믿음의 불이요, 복음의 능력임을 믿습니다.
예수님처럼 동일한 말씀으로 기도하면 가장 강력한 최고의 영적
무기가 될 것을 믿습니다.
보혈과 성령의 불이 말씀으로 임하게 하여 주시옵소서.

빛의 자녀답게 살게 하여 주시옵소서.
내가 먼저 주 안에 거하면 주님이 내 안에 거하신다고
약속하셨습니다.
예수님 안에서 열매를 맺게 하여 주시옵소서.
죄의 열매는 던져 버리고 의의 열매를 맺게 하여 주시옵소서.
죄에 대하여는 죽고 의에 대하여는 살게 하여 주시옵소서.
예수님 안에 거하여 살게 되면 주께서 강림하실 때에 나로
담대함을 얻어 주님 앞에서 부끄럽지 않게 하여 주실 것을
믿습니다.
의를 행하는 자가 되어 십자가의 의로 이기게 하여 주시옵소서.
진실로 하나님께로부터 난 자가 되어 세상을 이기는 믿음을
주시옵소서.
승리하는 믿음과 소망과 사랑이 하나가 되게 하여 주시옵소서.

예수님을 믿는 자가 세상을 이기는 자임을 믿습니다.
믿음이 행함과 함께 일하고 행함으로 믿음이 온전해져서 죄를
이기고 승리할 수 있음을 믿습니다.

이기는 자와 끝까지 주의 일을 지키는 자가 되어 만국을 다스리는
권세를 받게 하여 주시옵소서.
예수님의 이름으로 이기는 자가 되어 하나님의 성전 안에 있는
기둥이 되기를 원합니다.
하나님께로부터 내려오는 새 예루살렘의 이름을 이기는 자 위에
기록해 주실 영광을 기대하며 살겠습니다.
이기는 자는 천국의 유업을 상속받게 됨을 믿습니다.
하나님은 이기는 자의 하나님이 되어 주시고 이기는 자는
하나님의 완전한 자녀가 됨을 믿습니다.
이 땅에서 이기는 자의 상을 받게 되는 존귀한 자로 살게 하여
주시옵소서.
이기는 자가 받게 될 상급을 믿음의 눈으로 바라보고 세상에 있는
모든 것이 하찮게 보이는 능력을 주시옵소서.
배설물로 보이게 하여 주시옵소서.
무엇이든지 내게 유익했던 것을 그리스도를 위하여 다 해로 여길
수 있는 믿음을 주시옵소서.
썩어 없어질 무익한 것에 붙잡히지 않게 도와주시옵소서.
세상 것을 붙잡지도 만지지도 않게 하여 주시옵소서.
한때 쓰이고 없어지는 것을 예수님의 이름으로 거부하고
살겠습니다.

하고 싶은 것을 하지 않아 의의 열매를 맺게 하여 주시옵소서.
누리고 싶은 것을 하지 않아 영의 열매를 맺게 하여 주시옵소서.
할 수 있는데도 하지 않는 것은 예수님을 따르고자 하는 자기
부인의 열매임을 믿습니다.
예수님이 성경을 이루시기 위하여 열두 군단 더 되는 천사를
아버지께 구하지 않으신 것처럼 하나님의 나라를 이루기 위하여
내가 가진 특권을 포기하고 기꺼이 내어 드리게 하여 주시옵소서.
내 것을 내어 드리는 만큼 하나님의 것으로 차고 넘치게 채워
주시옵소서.
하나님의 것으로 채워질수록 모든 죄를 능히 다스릴 수 있게 하여
주시고 그 죄를 이길 수 있게 도와주시옵소서.

내 지체를 불의로 내어 주지 않고 의의 무기로 쓰임 받기를
원합니다.
예수님을 의지하여 내 입술과 생각이 죄에게 내어 주지 않기를
원합니다.
하나님의 말씀을 최우선으로 놓고 말씀대로 살게 하여
주시옵소서.
하나님의 성품과 능력으로 죄를 이기고 이기게 하여 주시옵소서.
예수님의 이름을 사용할 수 있는 권세를 주시옵소서.
말씀과 성령으로 영의 훈련을 받아 어떤 죄가 내 앞에 찾아와도
승리하게 하여 주시옵소서.
주의 권능이 나타날 때 모든 죄는 사라지고 없어지게 됨을
믿습니다.

거룩을 지키는 싸움을 싸워 승리하기를 원합니다.
겸손을 지키는 싸움을 싸워 내 자신을 더욱 낮추고 또 낮추게 하여
주시옵소서.
고난의 끝에서도 끝까지 기도하여 승리할 수 있게
도와주시옵소서.
승리의 전신갑주를 입혀 주시옵소서.
승리의 면류관 받기를 원합니다.

보혈의 권세로 마귀를 밟아 버리는 힘을 주시옵소서.
보혈로 승리하여 육의 사람이 육의 말 하는 것도 서운하게 들리지
않게 하여 주시옵소서.
보혈의 믿음은 죄를 꿰뚫어 보는 능력이 있음을 믿습니다.
이기는 자답게 살게 하여 주시옵소서.
기쁨과 감사가 넘치는 삶을 살겠습니다.
눈에 보이는 허상뿐인 죄를 이기고 다스리고 승리하게 하여
주시옵소서.

나는 예수님의 이름으로 이긴 자임을 믿습니다.
친히 큰 권능을 잡으시고 죄를 이겨 천국에서 면류관을 주실 나의
주 예수님의 이름으로 간절히 기도합니다. (아멘. 아멘. 아멘.)

세상에서 너희가 환난을 당하나 담대하라 내가 세상을 이기었노라

요 16:33

마음과 목숨과 뜻을 다하여 하나님을 사랑하라

[누가복음 10:27]

2부

예수님의 심장

읽는기도
2부

주기도문

하늘에 계신 우리 아버지여,

이름이 거룩히 여김을 받으시오며,

나라가 임하시오며,

뜻이 하늘에서 이루어진 것 같이

땅에서도 이루어지이다.

오늘 우리에게 일용할 양식을 주시옵고,

우리가 우리에게 죄지은 자를

사하여 준 것 같이

우리 죄를 사하여 주시옵고,

우리를 시험에 들게 하지마시옵고,

다만 악에서 구하시옵소서.

나라와 권세와 영광에

아버지께 영원히 있사옵나이다.

아멘

불의 기도

여호와여 내게 응답하옵소서 내게 응답하옵소서 주 여호와는 하나님이신 것과 주는 그들의 마음을 되돌이키심을 알게 하옵소서 기도하니 여호와의 불이 내려서 번제물과 나무와 돌과 흙을 태우고 도랑의 물을 핥은지라

왕상 18:38

성령님~ 이 시간 예수님의 이름으로 기도를 시작합니다.
불이 임하는 기도, 불이 임하는 능력을 주시옵소서.
말씀을 선포하는 불을 주시옵소서.
말씀과 불이 성령으로 하나되는 임재를 원합니다.
항상 주님의 임재가 쏟아지는 기도를 주시옵소서.
성령의 불이 강력한 기름부음으로 임하게 하여 주시옵소서.
지혜와 계시가 임하는 불의 기도를 주시옵소서.
불길 같은 성령이 간구하는 내 심령에 임하여 주시옵소서.
지금 강림하셔서 하나님의 영광을 보게 하여 주시옵소서.
성령께서 임하시면 내 영의 소원을 만족하게 하십니다.
성령의 불로 불로 불로 충만하게 하여 주시옵소서.
주의 제단 불 위에 내 모든 죄를 태워 주시옵소서.
성령의 임재를 사모합니다.
능력의 불이 임하게 하여 주시옵소서.
권능의 불이 임하게 하여 주시옵소서.

성령님이 함께 하시는 기도를 합니다.

성령님~ 내 마음과 생각을 열어 드립니다.
하늘문을 열어 주시옵소서.
성령의 불이 불이 임하여 주시옵소서.
기도의 문을 열어 주시옵소서.
성령을 성령을 간구합니다.
성령께서 나를 간구하여 주시고 성령께서 나를 이끌어
주시옵소서.
성령의 불로 불로 불로 임재하여 주시옵소서.
성령님 이 기도를 이끌어 주시옵소서.
성령님 내 마음에 주인 되어 주시옵소서.
성령님 내 마음을 다스려 주시옵소서.

이 기도는 성령님이 주인 되십니다.
이 기도는 성령님이 이끄시는 기도가 됩니다.
기도할 때마다 하나님이 나와 가까이 계심을 믿습니다.
성령께서 이끄시는 기도가 되길 원합니다.
성령께서 간구하시는 기도가 되길 원합니다.
성령께서 탄식하시는 기도가 되길 원합니다.
성령께서 이끄시는 믿음의 기도가 되게 하여 주시옵소서.
성령께서 이끄시는 거룩한 기도가 되게 하여 주시옵소서.
성령께서 이끄시는 강력한 기도가 되게 하여 주시옵소서.
성령께서 이끄시는 향기로운 기도가 되게 하여 주시옵소서.

시험에 들지 않게 깨어 기도하라는 말씀을 지키고 살겠습니다.

사랑이 임하는 보혈을 간구합니다.
소망이 있는 믿음을 간구합니다.
겸손이 있는 믿음을 간구합니다.
희생이 있는 사랑을 간구합니다.
고난이 있는 상급을 간구합니다.
행함이 있는 순종을 간구합니다.
순종이 있는 믿음을 원합니다.
감사가 있는 믿음을 원합니다.
생명이 있는 믿음을 원합니다.

하나님 앞에서 정직함으로 완전하게 하여 주시옵소서.
하나님 앞에서 경건함으로 완전하게 하여 주시옵소서.
하나님 앞에서 겸손함으로 완전하게 하여 주시옵소서.
하나님 앞에서 온전히 행함으로 완전하게 하여 주시옵소서.
이 기도로 하나님의 의를 이루게 하여 주시옵소서.
이 기도가 하나님의 사랑을 이루게 하여 주시옵소서.
이 기도가 하나님의 복음을 이루게 하여 주시옵소서.

내 마음에 성령의 길을 만들어 주시옵소서.
내 마음에 사랑의 길을 만들어 주시옵소서.
내 생각에 겸손의 길을 열어 주시옵소서.
내 생각에 거룩한 길을 열어 주시옵소서.

내 마음에 팔복의 길을 열어 주시옵소서.
내 마음에 기도의 길을 열어 주시옵소서.
내 심령에 순종의 길을 펼쳐 주시옵소서.
내 심령에 기쁨의 길을 펼쳐 주시옵소서.
내 심령에 보혈의 길을 펼쳐 주시옵소서.
내 심령에 시온의 대로를 펼쳐 주시옵소서
내 마음에 믿음의 길이 열리게 하여 주시옵소서.
내 마음에 감사의 길이 열리게 하여 주시옵소서.

주님의 뜻을 이루기를 원합니다.
아버지의 마음을 알기를 원합니다.
아버지의 계획을 알게 하여 주시옵소서.
이 기도가 하나님 앞에 열납되기를 원합니다.
성령을 내려 주시옵소서.
성령을 덧입혀 주시옵소서.
성령의 불로 불로 불로 임재하여 주시옵소서.
하나님을 바라보는 성령의 불을 내려 주시옵소서.
하나님을 의지하는 성령의 불을 내려 주시옵소서.
하나님을 소망하는 성령의 불을 내려 주시옵소서.
하나님을 갈망하는 성령의 불을 내려 주시옵소서.

아버지 하나님께 간절히 간절히 간구합니다.
주여 주여 도와주시옵소서.
주님을 더 사랑할 수 있게 하여 주시옵소서.

주여 주여 나를 이끌어 주시옵소서.

말씀의 불이 불이 불이 임하게 하여 주시옵소서.

하나님 안에서 이 기도를 합니다.

성령님 안에서 이 기도를 합니다.

보혈 안에서 이 기도를 합니다.

말씀 안에서 이 기도를 합니다.

하나님이 허락해 주시고 하나님이 이루어 주시옵소서.

이 시간 성령의 불이 나의 생각에 임하게 하여 주시옵소서.

성령 안에서 믿음을 충만하게 하시는 성령의 충만을 주시옵소서.

이 시간 성령의 불이 나의 마음에 임하게 하여 주시옵소서.

이 시간 성령의 불이 나의 심령에 임하게 하여 주시옵소서.

이 시간 성령의 불이 나의 영혼에 임하게 하여 주시옵소서.

내 영혼이 성령님을 만나게 하여 주시옵소서.

내 영혼이 성령님을 느끼게 하여 주시옵소서.

내 영혼이 성령님과 함께하게 하여 주시옵소서.

내 속사람이 성령님과 호흡하게 하여 주시옵소서.

내 속사람이 성령님과 동행하게 하여 주시옵소서.

성령님 성령님 저를 도와주시옵소서.

성령의 불로 불로 불로 불로 불로 불로 불로 임재하여 주시옵소서.

내 생각을 주님 앞에 올려 드리기를 원합니다.

내 심령을 받아 주시고 내 영혼을 받아 주시옵소서.

성령께서 받으시고 성령께서 주관하여 주시옵소서.

성령께서 받으시고 성령께서 다스려 주시옵소서.

하나님 저와 함께해 주셔서 이 모든 기도를 이루어 주시옵소서.
이 기도가 사랑이 되기를 원합니다.
이 기도가 감사가 되기를 원합니다.
이 기도가 거룩이 되기를 원합니다.
내 모든 곳에 성령의 불이 임하게 하여 주시옵소서.
내가 보는 곳에 성령의 불이 있기를 원합니다.
나의 발걸음이 성령의 불이 되게 하여 주시옵소서.
성령을 성령을 의지하여 기도합니다.
성령을 성령을 의지하고 간구합니다.

성령을 믿음으로 마십니다.
살아있는 믿음이 되게 하여 주시옵소서.
살아있는 소망이 되게 하여 주시옵소서.
살아있는 사랑이 되게 하여 주시옵소서.
살아있는 참겸손이 되게 하여 주시옵소서.
입술의 열매가 되게 하여 주시옵소서.
사랑의 성품이 되기를 원합니다.
인내의 성품이 되기를 원합니다.
절제의 성품이 되기를 원합니다.
내면의 기쁨이 되기를 원합니다.
내면의 순종이 되기를 원합니다.
충성의 열매가 되기를 원합니다.

온유의 열매가 되기를 원합니다.
거룩한 행실의 예배가 되기를 간구합니다.
경건에 이르는 예배가 되기를 간구합니다.

성령의 기도, 성령의 기도를 원합니다.
주여 주여 저를 도와주시옵소서.
성령님, 내 손을 잡아 주시옵소서.
성령님, 내 생각을 열어 주시옵소서.
성령님, 내 마음을 세워 주시옵소서.
성령님, 내 영혼을 지켜 주시옵소서.
성령님, 내 입술을 다스려 주시옵소서.
성령님, 내 분노를 제거해 주시옵소서.
성령님, 내 억울한 마음을 풀어 주시옵소서.
성령님, 내 서운한 생각을 소멸해 주시옵소서.
성령님이 내 슬픈 감정을 가져가 주시옵소서.
회개의 감사가 넘치게 하여 주시옵소서.
회개의 눈물이 넘치게 하여 주시옵소서.
회개의 보혈이 넘치기를 원합니다.
회개의 은혜가 부어지기를 원합니다.
회개하는 심령이 되어 내 마음에 천국을 이루고 살게 하여
주시옵소서.

하나님을 바라보는 성령의 불을 부어 주시옵소서.
하나님을 생각하는 성령의 불이 임하기를 원합니다.

하나님을 소망하는 성령의 불을 간구합니다.
하나님을 갈망하는 성령의 불을 내려 주시옵소서.

성령님~ 감사합니다.
성령님이 감사제를 받아 주시옵소서.
하나님의 은혜를 기억하며 살겠습니다.
하나님을 마음으로 사랑하게 하여 주시옵소서.
하나님을 행함으로 사랑하게 하여 주시옵소서.
하나님을 정직하게 사랑하게 하여 주시옵소서.
하나님을 신실하게 사랑하게 하여 주시옵소서.
하나님이 원하시는 방법대로 살게 하여 주시옵소서.
성령님이 저를 도와주셔서 하나님의 뜻을 이루게 하여
주시옵소서.

이 기도가 성령님이 하시는 기도가 되길 원합니다.
이 기도가 예수님이 하시는 기도가 되길 원합니다.
성령으로 기도하고 성령으로 순종하기를 원합니다.
성령으로 결단하고 성령으로 훈련하기를 원합니다.
믿음으로 결단하고 믿음으로 훈련하기를 원합니다.
사랑으로 결단하고 사랑으로 훈련하기를 원합니다.
겸손으로 결단하고 겸손으로 훈련하기를 원합니다.

거룩한 불이 하늘의 보좌로부터 임하게 하여 주시옵소서.
성령이 불의 제단으로부터 임하여 주시옵소서.

성령으로 매 순간마다 기도하게 하여 주시옵소서.
성령으로 숨 쉴 때마다 기도하게 하여 주시옵소서.
성령으로 항상 기도하게 하여 주시옵소서.
성령으로 쉬지 말고 기도하게 하여 주시옵소서.
죄를 버려 성령님의 근심을 제거하게 하여 주시옵소서.
죄를 다스려 하나님을 기쁘시게 해 드리기를 원합니다.
기도로 성령님과 동행합니다.
기도로 성령님과 함께합니다.
기도로 성령님과 대화합니다.

성령으로 하나님의 선을 이루게 하여 주시옵소서.
성령으로 하나님의 의를 이루게 하여 주시옵소서.
성령으로 하나님의 복음을 이루게 하여 주시옵소서.
성령으로 하나님의 왕국을 이루게 하여 주시옵소서.
성령으로 하나님의 구원을 이루게 하여 주시옵소서.
성령으로 하나님의 계획을 이루게 하여 주시옵소서.
성령의 능력으로 살아가기를 원합니다.
성령의 권능으로 살아가기를 원합니다.
성령의 기쁨으로 살아가기를 원합니다.
성령의 사랑으로 살아가기를 간구합니다.
성령의 거룩으로 살아가기를 간구합니다.
성령의 소망으로 살아가기를 소망합니다.
성령의 감사로 살아가기를 소망합니다.

불의 능력을 갖게 하여 주시옵소서.
감사의 능력을 갖게 하여 주시옵소서.
사랑의 능력을 갖게 하여 주시옵소서.
용서의 능력을 갖게 하여 주시옵소서.
희생의 능력을 갖게 하여 주시옵소서.
기도의 능력을 갖게 하여 주시옵소서.
믿음의 능력을 갖게 하여 주시옵소서.
겸손의 능력을 갖게 하여 주시옵소서.

고난받을 때 성령으로 더욱 힘써 기도하기를 원합니다.
시험받을 때 성령으로 더욱 힘써 기도하기를 원합니다.
넘어질 때 성령으로 더욱 힘써 기도하기를 원합니다.
성령으로 하고 싶은 것을 하지 않게 하여 주시옵소서.
절제의 열매가 되게 하여 주시옵소서.
성령으로 거룩하고 싶습니다.
성령으로 사랑하고 싶습니다.
성령으로 겸손하고 싶습니다.
성령으로 온유하고 싶습니다.
성령으로 감사하고 싶습니다.
성령으로 용서하고 싶습니다.

높은 데 마음을 두지 않게 하여 주시옵소서.
성령으로 낮아지고 싶습니다.
낮은 곳에 마음을 두게 하여 주시옵소서.

하나님은 낮은 자를 높여 주십니다.
성령으로 선포합니다.
시행하여 주시옵소서.
말씀을 의지하여 선포합니다.
말씀이 나를 다스려 주시옵소서.
무슨 일을 하든지 하나님을 위해 행동하고 하나님을 위해 사는
것으로 만족하겠습니다.
가장 작은 일도 하나님을 사랑하기 위해서 순종하겠습니다.
내가 성령의 완전함에 행하였사오니 흔들리지 않고 하나님을
의지하였습니다.
성령의 눈으로 보고 작은 것도 소홀히 여기지 않게 하여
주시옵소서.

성령님을 원합니다.
성령님을 소망합니다.
성령님을 갈망합니다.
성령의 은혜를 내려 주시옵소서.
성령의 불로 불로 불로 임재하여 주시옵소서.
성령님 내 모든 것을 열어 드립니다.
성령님께 내 모든 것을 내어 드립니다.
내 안에 오셔서 나와 더불어 먹고 함께 하여 주시옵소서.
지금 내 마음에 오셔서 말씀해 주시옵소서.
지금 내 생각에 오셔서 말씀해 주시옵소서.
지금 내 영혼을 만나 주시옵소서.

주의 보혈로 깨끗하게 하시고 성령으로 새롭게 하여 주시옵소서.

성령 안에서 성령님을 의지하여 기도합니다.

옛 사람을 버리게 하여 주시옵소서.

내 염려를 다 주께 맡깁니다.

성령님이 나를 돌보아 주시옵소서.

성령의 불을 허락해 주시옵소서.

성령의 임재를 허락해 주시옵소서.

성령의 감동을 내려 주시옵소서.

성령의 담대함을 입혀 주시옵소서.

성령의 기쁨을 덧입혀 주시옵소서.

성령께서 주인 되어 기도하기를 원합니다.

성령님이 인도하여 주시옵소서.

성령님이 이끄시는 기도가 되게 하여 주시옵소서.

성령의 기도로 더 많이, 더 깊이, 더 오래 기도하기를 원합니다.

성령님이 내 기도에 개입하여 주시옵소서.

성령님이 내 시간을 주장하여 주시옵소서.

성령님이 내 건강을 주장하여 주시옵소서.

성령님이 내 생각을 간섭해 주시옵소서.

성령님이 내 마음을 통제해 주시옵소서.

성령님이 내 입술을 다스려 주시옵소서.

성령님이 원하시고 성령님의 뜻대로 일하여 주시옵소서.

보좌의 제단에서 임하시는 성령의 불을 내려 주시옵소서.

하늘에서 임하시는 진리의 성령님이 내 안에 성전 되어
주시옵소서.

성령께서 간구하시는 기도의 향기가 하늘에 닿게 하여
주시옵소서.
성령님이 나의 연약함을 도와주시옵소서.
약할 때 강함을 주시옵소서.
마땅히 빌 바를 알지 못해도 성령께서 이끌어 주시옵소서.
성령이 말할 수 없는 탄식으로 나를 위해 친히 간구해 주시옵소서.
성령께서 중보하여 주시옵소서.
성령께서 탄식하여 주시옵소서.
성령께서 기도하여 주시옵소서.
성령께서 주인 되어 주시옵소서.
성령께서 왕이 되어 주시옵소서.
성령께서 처음 되어 주시옵소서.
하나님의 영을 부어 주시옵소서.
하나님의 영으로 채워 주시옵소서.
성령님이 내 안에 거하여 주시옵소서.
성령께서 내재해 주시옵소서.
성령의 불로 불로 불로 불로 불로 불로 불로 임재해 주시옵소서.

믿음의 주요 온전케 하시는 예수님을 바라봅니다.
예수님을 원합니다.
예수님을 바라봅니다.

오직 성령이 내게 임하여 권능을 받아 예수님을 증거하여
주시옵소서.
성령님이 하나님의 뜻대로 나를 위해 간구하여 주시옵소서.
믿음을 의지하고 행위를 의지하지 않겠습니다.
성령께서 아버지의 마음을 아시고 친히 중보하여 주시옵소서.
성령을 의지하며 기도합니다.
성령의 능력으로 하늘의 기름을 부어 주시옵소서.

오늘 하루를 성령으로 시작합니다.
주 예수님 내 안에 오시옵소서.
주여 주여 주여 보혈로 임재하여 주시옵소서.
보혈의 옷을 입혀 주시옵소서.
성령의 옷을 입혀 주시옵소서.
성령의 불로 덧입기를 간절히 간절히 소망합니다.
믿음이 충만한 성령을 보내 주시옵소서.
사랑이 충만한 성령을 보내 주시옵소서.
감사가 충만한 성령을 보내 주시옵소서.
겸손이 충만한 성령을 보내 주시옵소서.
기쁨이 충만한 성령을 보내 주시옵소서.

성령을 믿음으로 마십니다.
생명수가 되게 해주시옵소서.
마음의 열매가 되게 해주시옵소서.
입술의 열매가 되게 해주시옵소서.

성령의 열매가 되게 해주시옵소서.

팔복이 되게 해주시옵소서.

참믿음을 간구합니다.

참소망을 간구합니다.

참겸손을 간구합니다.

말씀의 양식을 주시옵소서.

하늘의 양식을 주시옵소서.

성령님~ 내 손을 잡아 주시옵소서.

성령님~ 내 생각을 지켜 주시옵소서.

성령님~ 내 마음을 지켜 주시옵소서.

성령님~ 내 심령을 다스려 주시옵소서.

성령님~ 내 영혼을 지켜 주시옵소서.

성령님~ 내 삶을 통치해 주시옵소서.

오직 성령님을 바라봅니다.

오직 예수님을 바라봅니다.

오직 천국을 소망합니다.

성령님이 내 마음에 오셔서 새롭게 하여 주시옵소서.

성령님이 내 생각에 오셔서 새롭게 하여 주시옵소서.

성령님이 내 입술에 오셔서 새롭게 하여 주시옵소서.

성령님이 내 눈에 오셔서 새롭게 하여 주시옵소서.

성령님이 내 귀에 오셔서 새롭게 하여 주시옵소서.

오직 성령님만 있게 하여 주시옵소서.

오직 예수님만 있게 하여 주시옵소서.

오직 자원하는 심령만 드리기를 원합니다.
성령의 감동을 주시옵소서.

성령의 불로 불로 불로 불로 불로 불로 불로 임재하여 주시옵소서.
성령을 성령을 간구합니다.
성령의 불이 불이 불이 불이 불이 불이 불이 임하게 하여
주시옵소서.
성령께서 나의 연약함을 도와주시옵소서.
기쁨과 사랑이 성령으로 충만하게 하여 주시옵소서.
기쁨으로 성령의 말씀을 주시옵소서.
주를 본받게 하여 주시옵소서.

성령의 기도가 겸손이 되게 하여 주시옵소서.
성령의 기도가 믿음이 되게 하여 주시옵소서.
성령의 기도가 소망이 되게 하여 주시옵소서.
성령의 기도가 사랑이 되게 하여 주시옵소서.
성령의 기도가 감사가 되게 하여 주시옵소서.
성령의 기도가 기쁨이 되게 하여 주시옵소서.
성령의 생명수로 내 영혼을 먹여 주시옵소서.

나를 자라나게 하시고 성장하게 도와주시옵소서.
성령의 감동을 내려 주시옵소서.
성령의 뜻을 내려 주시옵소서.
성령님이 십자가의 사랑을 알리시고 증언하여 주시옵소서.

영원하신 성령으로 내 양심이 깨어나게 하여 주시옵소서.
영원하신 성령으로 내 기도가 깨어나게 하여 주시옵소서.
영원하신 성령으로 내 영혼이 깨어나게 하여 주시옵소서.
죄 된 행실에서 깨끗하게 하여 주시옵소서.
성령님을 전심으로 의지합니다.

내 마음에 말씀을 두어 주 앞에 항상 있게 하여 주시옵소서.
언제나 성령님 앞에서 기도의 등불이 꺼지지 않도록 은혜를 내려
주시옵소서.
기도의 제단 위에 성령의 불이 생명과 평안이 되기를 원합니다.
우리 하나님 여호와께 쉬지 말고 기도하여 온전한 동행이 되기를
간구합니다.
주의 말씀이 내 영에 힘이 되어 더욱 흥왕하게 만들어 주시옵소서.
하나님을 사랑하고 항상 주의 길로 행하며 살기를 원합니다.

주의 은혜가 아니면 아무것도 할 수 없음을 고백합니다.
나를 나 되게 만들어 주신 성령님께 감사드리며
나를 성장하게 만들어 주신 예수님의
이름으로 간절히 기도합니다. (아멘. 아멘. 아멘.)

성령의 불이 각 사람 위에 하나씩 임하여 있더라 행 2:3

하늘의 불이 떨어지는 기도

그리스도께서는 성령과 불로 너희에게 세례를 베푸실 것이라 눅 3:16

성령이 임재하는 감동을 주시옵소서.
기도의 숨을 내쉴 때에도 성령의 능력이 나타나게 하여
주시옵소서.
성령과 불로 세례를 베풀어 주시옵소서.
성령의 거룩하심으로 순종하기를 원합니다.
성령의 거룩하심으로 사랑하기를 원합니다.
성령의 역사하심으로 감사하기를 원합니다.
성령의 역사하심으로 겸손하기를 원합니다.
성령의 임재하심으로 기도하기를 원합니다.
그리스도께서는 성령과 불로 나에게 세례를 베풀어 주실
것입니다.

마음의 죄, 생각의 죄, 입술의 죄, 행위의 죄를 버리게 하여
주시옵소서.
예수님의 사랑이 나의 삶에 능력이 되게 하여 주시옵소서.
예수님의 사랑이 나의 삶에 기쁨이 되게 하여 주시옵소서.
예수님의 사랑이 나의 삶에 승리가 되게 하여 주시옵소서.
사랑의 무게가 쌓여 사랑의 저울을 높여 주시고 믿음의 저울을

올려 주시옵소서.

예수님이 나의 왕이시고 제사장이십니다.

예수님의 피뿌림을 얻기 위하여 더욱 힘쓰고 간절히 기도합니다.

성령의 불이 내 마음을 치료하여 주시옵소서.

성령의 불이 내 생각을 고쳐 주시옵소서.

성령의 불이 내 심령을 고쳐 주시옵소서.

성령의 불이 내 상처를 만져 주시옵소서.

성령의 불이 내 양심을 만져 주시옵소서.

성령의 불이 내 입술과 혀를 만져 주시옵소서.

거룩한 믿음 위에 나를 건축하여 성령으로 기도합니다.

거룩한 사랑 위에 나를 세워 성령으로 간구합니다.

거룩한 반석 위에 나를 세워 성령으로 간구합니다.

거룩한 보혈 위에 나를 드려 성령으로 기도합니다.

예수님이 성령과 불로 세례를 베풀어 주시옵소서.

성령의 불, 성령의 불을 원합니다.

믿음으로 간구합니다.

하나님의 성령이 불이 되어 내 위에 임하게 하여 주시옵소서.

하나님의 영을 부어 주시옵소서.

소망으로 간구합니다.

내 악함을 회개하고 주께 기도드립니다.

회개의 영을 부어 주시옵소서.

내 마음을 다해 성령을 구합니다.

내 의지를 다해 성령을 구합니다.

내 정성을 다해 성령을 구합니다.

내 삶을 다해 성령을 간구합니다.

내 열심을 다해 성령을 간구합니다.

내 믿음을 다해 성령을 간구합니다.

내 소망을 다해 성령을 간구합니다.

영의 눈이 열려 성령의 빛을 보게 하여 주시옵소서.

귀 있는 자가 되어 성령이 하시는 말씀을 듣게 하여 주시옵소서.

위에서부터 성령을 부어 주시옵소서.

내 마음이 아름다운 생명의 밭이 되게 하여 주시옵소서.

내 마음이 아름다운 기도의 밭이 되게 하여 주시옵소서.

내 생각이 아름다운 감사의 밭이 되게 하여 주시옵소서.

내 심령이 아름다운 겸손의 밭이 되게 하여 주시옵소서.

내 심령이 아름다운 사랑의 밭이 되게 하여 주시옵소서.

내 마음이 아름다운 믿음의 밭이 되게 하여 주시옵소서.

성령 안에서 거룩하게 하여 주시옵소서.

성령 안에서 경건하게 하여 주시옵소서.

성령 안에서 사랑하게 하여 주시옵소서.

성령 안에서 인내하게 하여 주시옵소서.

성령 안에서 절제하게 하여 주시옵소서.

성령 안에서 양선하게 하여 주시옵소서.

성령의 능력으로 역사하여 주시옵소서.

성령의 영광이 내 마음과 심령에 가득하게 하여 주시옵소서.

성령님 임재하여 주시옵소서.
성령의 불로 불로 불로 불로 불로 불로 불로 임재해 주시옵소서.
성령의 의지대로 기도합니다.
성령의 뜻대로 간구합니다.
성령님이 기도하시니 이 기도는 하늘에 상달됩니다.
성령님이 주인 되시니 이 기도는 땅에 떨어지지 않습니다.
성령께서 심는 기도가 되어 하늘의 영광이 됩니다.
성령께서 심는 기도가 되어 하나님이 기뻐하시는 기도가 됨을
믿습니다.
성령께서 기도하게 하여 주시옵소서.
주여 주여 주여 주여 주여 간구하여 주시옵소서.
내 안에 계신 성령으로 아름다운 것을 지키기를 원합니다.
내 안에 계신 성령으로 영원한 것을 얻게 하여 주시옵소서.
내가 하나님을 의지하였은즉 두려워하지 않겠습니다.
여호와를 쉬지 못하시게 하는 기도의 능력을 주시옵소서.

성령으로 사랑하여 마음의 밭과 심령의 밭이 온유한 밭으로
변화되게 하여 주시옵소서.
사랑이 없으면 아무 유익이 없지만 사랑이 있으면 모든 것이
유익함을 믿습니다.
사랑의 무기로 세상을 향해 나아가겠습니다.
사랑의 갑주로 지옥의 군대를 무찌릅니다.
사랑의 기도로 세상의 영혼들을 품겠습니다.
사랑의 희생으로 영혼들을 위해 기도하겠습니다.

사랑의 눈물로 영혼들을 살리며 살겠습니다.

사랑의 인내로 오래참고 끝까지 사랑하겠습니다.

사랑의 믿음으로 예배하고 기도하기를 원합니다.

자신의 인생을 버릴 만큼 하나님을 사랑하게 하여 주시옵소서.

버리고 비울수록 하나님의 사랑은 커지고 장성하게 됨을

믿습니다.

성령께서 내 입술을 대신하여 주시옵소서.

성령께서 내 생각을 대신하여 주시옵소서.

성령께서 내 마음을 대신하여 주시옵소서.

성령께서 내 눈을 대신하여 주시옵소서.

성령께서 내 귀를 대신하여 주시옵소서.

성령께서 내 손과 발을 대신하여 주시옵소서.

성령으로 사랑하게 하여 주시옵소서.

성령으로 희생하게 하여 주시옵소서.

성령으로 감사하게 하여 주시옵소서.

성령으로 기도하게 하여 주시옵소서.

내 마음에 사랑의 뿌리가 내려 사랑의 열매를 맺습니다.

사랑으로 기도하게 하여 주시옵소서.

기도의 뿌리가 내려 기도의 열매를 맺습니다.

성령으로 믿게 하여 주시옵소서.

믿음의 뿌리가 내려 믿음의 열매를 맺습니다.

성령으로 인내하게 하여 주시옵소서.

인내의 뿌리가 내려 인내의 열매를 맺습니다.
성령으로 기뻐하게 하여 주시옵소서.
기쁨의 뿌리가 내려 기쁨의 열매를 맺습니다.
성령으로 거룩하게 하여 주시옵소서.
거룩의 뿌리가 내려 거룩의 열매를 맺습니다.
성령으로 순종하게 하여 주시옵소서.
순종의 뿌리가 내려 순종의 열매를 맺습니다.
성령께서 기도의 능력이 되게 하옵시고 기도의 간구가 되게 하여
주시옵소서.

오늘도 성령으로 시작하여 성령의 능력으로 살게 하여
주시옵소서.
성령으로 고난을 받아 영광이 되게 하여 주시옵소서.
성령으로 이끌리어 시험받아 승리하게 하여 주시옵소서.
성령으로 나의 십자가를 감당하게 하여 주시옵소서.
내가 늘 의지하는 성령님 감사합니다.
존경합니다.
사랑합니다.
성령의 손길을 의지합니다.
성령의 위로를 기다립니다.
성령의 세밀한 음성에 귀를 기울이게 하여 주시옵소서.
내 생각을 다하여 성령님을 따르겠습니다.
내 마음을 다하여 성령님을 의지하겠습니다.
내 의지를 다하여 성령님을 예배하겠습니다.

내 뜻을 다하여 성령님을 경외하겠습니다.
성령의 빛을 비춰 주시옵소서.
내 영혼을 먹이시고 성장하게 하여 주시옵소서.

성령님이 주시는 기쁨으로 기도를 드립니다.
성령님이 주시는 거룩으로 기도를 드립니다.
성령님이 주시는 소망으로 기도를 드립니다.
성령님이 주시는 사랑으로 기도를 드립니다.
성령의 감사로 기도하게 하여 주시옵소서.
경건에 이르도록 내 자신을 연단하겠습니다.
성령의 길, 좁은 길, 생명의 길을 가게 하여 주시옵소서.

오늘도 계명을 온전히 지켜 거룩한 사랑의 무게를 만들게 하여
주시옵소서.
사랑을 행함으로써 사랑의 양식을 먹게 하여 주시옵소서.
사랑을 행함으로써 사랑의 열매를 먹게 하여 주시옵소서.
사랑을 행함으로써 사랑의 말씀을 먹게 하여 주시옵소서.
사랑을 행함으로써 사랑의 만나를 먹게 하여 주시옵소서.
사랑을 행함으로써 사랑의 생명수를 먹게 하여 주시옵소서.
주님의 뜻을 이루게 하여 주시옵소서.
내 마음의 소원대로 허락하시고 내 모든 계획을 이루어 주시기를
원합니다.
주의 아름다운 복으로 나를 영접해주시고 순금관을 내 머리에
씌어 주시옵소서.

오늘도 나는 성령의 완전함에 행할 것이니 내게 은혜를 베풀어
주시옵소서.

오직 성령님만 의지합니다.

오직 예수님만 의지합니다.

성령께서 내 삶의 기쁨과 감사가 되게 하여 주시옵소서.

예수께서 내 삶의 기쁨과 감사가 되게 하여 주시옵소서.

주께 더 가까이 나아가기를 원합니다.

성령의 불이 예수님의 거룩한 보혈이 되게 하여 주시옵소서.

성령의 손을 붙잡습니다.

예수님의 옷자락을 붙잡습니다.

성령님께 맡기는 믿음을 주시옵소서.

성령님께 맡기는 능력을 주시옵소서.

성령님께 맡기는 삶을 주시옵소서.

성령님께 맡기는 기도를 원합니다.

성령님께 맡기는 생각을 원합니다.

성령님께 맡기는 마음을 간구합니다.

성령께서 구원으로 인도해 주시옵소서.

성령께서 영생으로 이끌어 주시옵소서.

좁은 길에 성령님이 계십니다.

고난의 길에 성령님이 도우실 것을 믿습니다.

외로운 길에 성령님이 함께 하십니다.

순종하는 길에 성령님이 기뻐하십니다.

초라한 곳에 성령님이 임재하십니다.

낮고 가난한 자와 성령님이 함께 동행하십니다.
이름도 없이 빛도 없이 감사하며 섬기게 하여 주시옵소서.

나의 가장 약한 것이 성령으로 변화되게 하여 주시옵소서.
나의 약함이 가장 거룩한 제물이 되게 하여 주시옵소서.
성령으로 헛된 말을 버려 경건을 이루게 하여 주시옵소서.
성령의 능력으로 입술의 열매를 창조해 주시옵소서.
수송아지를 대신하여 입술의 열매를 주께 드리게 하여
주시옵소서.
예물을 대신하여 마음의 열매를 주께 올려 드립니다.
하나님은 천천의 숫양이나 만만의 강물같은 기름을 기뻐하지
않으십니다.
내 허물을 위하여 무엇인가 바치려고 하는 것을 원하지
않으십니다.
여호와께서 구하시는 것은 오직 정의를 행하는 것임을
기억하겠습니다.
여호와께서 구하시는 것은 하나님을 사랑하는 것임을 믿습니다.
여호와께서 구하시는 것은 겸손하게 하나님과 함께 행하는
것입니다.
하나님은 부정한 저울과 거짓 저울추를 미워하십니다.
세상의 욕심을 대신하여 양심의 열매를 주께 드리게 하여
주시옵소서.

성령님과 동행하여 그 어디서나 천국을 이루게 하여 주시옵소서.

성령님이 항상 새로운 시간마다 나와 함께 계심을 믿습니다.

모든 시선을 성령님께 드리기를 원합니다.

모든 시간을 성령님께 올려 드립니다.

성령님의 뜻대로 이루어 주시옵소서.

살아계신 하나님을 느끼게 하여 주시옵소서.

오늘도 성령님을 신뢰하고 살게 해주시옵소서.

성령의 불을 갈망합니다.

성령의 불을 소망합니다.

성령의 불을 원합니다.

성령의 불로 불로 불로 임하여 주시옵소서.

하나님을 사랑하지 않고서는 견딜 수 없는 불을 내려 주시옵소서.

예수님의 사랑으로 용서하는 삶을 살게 해주시옵소서.

믿음으로 더 큰 사랑을 이루어 주시옵소서.

오늘도 성령님과 동행하여 아름다운 하늘의 장부를 기록하게 하여

주시옵소서.

십자가의 길은 오직 사랑과 희생의 길임을 믿습니다.

사랑하는 것이 사랑을 누리는 것입니다.

사랑하는 것이 사랑을 받는 것입니다.

성령님이 나와 영원히 함께하여 주시옵소서.

내 마음을 성령님이 원하시는 성전으로 만들어 보겠습니다.

성령님이 계신 곳에 치유가 있음을 믿습니다.

성령님이 계신 곳에 참자유가 있음을 믿습니다.

성령님이 계신 곳에 참사랑이 있음을 믿습니다.

성령님이 계신 곳에 참믿음이 있음을 믿습니다.
성령님이 계신 곳에 참소망이 있음을 믿습니다.
성령님이 계신 곳에 참기쁨이 있음을 믿습니다.
성령님이 계신 곳에 온전한 만족이 있음을 믿습니다.
성령님이 계신 곳에 온전한 사랑이 있음을 믿습니다.
성령님이 계신 곳에 온전한 순종이 있음을 믿습니다.

성령의 처음 익은 열매를 드리게 하여 주시옵소서.
성령의 처음 시간을 드리게 하여 주시옵소서.
성령의 처음 예배를 드리게 하여 주시옵소서.
성령의 처음 희생을 드리게 하여 주시옵소서.
성령 안에서 사랑으로 세워지기를 원합니다.
나의 고난과 고통이 거룩한 예배가 되게 하여 주시옵소서.
성령의 불이 사랑의 불이 되고, 믿음의 불이 되어, 소망의 불을
이루게 하여 주시옵소서.
성령의 불이 내 영과 혼과 몸에 임하여 주시옵소서.

성령의 불이 내 고집에 임하여 주시옵소서.
성령의 불이 내 교만에 임하여 주시옵소서.
성령의 불이 내 자기의에 임하여 주시옵소서.
성령의 불이 내 자만심에 임하여 주시옵소서.
성령의 불이 내 서운한 생각에 임하여 주시옵소서.
성령의 불이 구부러진 생각에 임하여 주시옵소서.
성령의 불이 구부러진 마음에 임하여 주시옵소서.

성령의 불이 비뚤어진 입술에 임하여 주시옵소서.
성령의 불이 비뚤어진 양심에 임하여 주시옵소서.
그리하여 내 안에 있는 모든 죄를 다 태워 주시옵소서.
성령의 불이 육신의 정욕에 임하여 주시옵소서.
성령의 불이 안목의 정욕에 임하여 주시옵소서.
성령의 불이 이생의 자랑에 임하여 주시옵소서.

성령님~ 내 마음밭이 옥토가 되게 하여 주시옵소서.
위의 것을 바라보며 영의 생각으로 살게 하여 주시옵소서.
변명하지 않고, 원망하지 않는 입술의 열매를 주님께 드리기를
원합니다.
살아계신 하나님을 믿으니 산 소망이 되게 하여 주시옵소서.
살아계신 하나님을 믿으니 산 믿음이 되게 하여 주시옵소서.
진리의 성령님이 내게 임하여 주의 뜻대로 기도하기를 원합니다.

믿음으로 성령을 간구합니다.
사랑으로 성령을 간구합니다.
하나님께서 약속하신 성령을 내려 주시옵소서.
성령님 임재해 주시옵소서.
성령의 불길이 내 심령에 가득 채워 주시옵소서.
성령님이 기도의 길이 되어 주시옵소서.
성령님이 믿음의 길이 되어 주시옵소서.
성령님이 사랑의 길이 되어 주시옵소서.
성령님이 감사의 길이 되어 주시옵소서.

고난과 핍박 속에서도 복음을 전하며 영적 싸움을 하게 하여
주시옵소서.
주님의 위로가 천국의 상급이 되어 쌓이게 하여 주시옵소서.

성령님이 죄를 다스릴 수 있는 권세를 주시옵소서.
순종의 요구 없이도 사랑으로 자원하는 순종을 원합니다.
하나님이 원하시는 거룩한 복종을 예배로 올려 드립니다.
믿음과 소망과 사랑의 뿌리가 성령으로 연합되기를 원합니다.
하늘의 복을 입고 하늘에 속한 자답게 살기를 원합니다.
주께서 내 마음의 소원을 들어주셨으니 내 입술의 요구를
거절하지 않으셨습니다.
성령으로 심고, 믿음으로 심고, 사랑으로 심어 복음의 열매를 맺게
하여 주시옵소서.
나의 죄를 고백할 때 성령의 불이 임하게 하여 주시옵소서.
하나님의 영이 부어지고 회개의 영이 임하기를 원합니다.
성령의 뜻대로 기도하고, 성령의 뜻대로 말하고, 성령의 뜻대로
살게 해주시옵소서.

성령으로 기도하고 성령으로 사랑하고 성령으로 행하기를
원합니다.
성령으로 기도하고 성령으로 소망하고 성령으로 순종하기를
기도합니다.
성령으로 가장 기뻐하는 삶을 살게 해주시옵소서.
성령의 근심을 기억하여 죄를 버리게 하여 주시옵소서.

회개하는 동안 성령께서 친히 탄식하여 주시옵소서.

회개의 영을 부어 주시옵소서.

하늘의 불을 내려 주시옵소서.

성령의 불로 내 모든 죄의 뿌리를 태워 주시옵소서.

성령의 불로 내 모든 죄의 열매를 태워 주시옵소서.

성령의 약속을 받아 성령으로 의와 소망을 이루게 하여
주시옵소서.

성령으로 충만하게 하여 주시옵소서.

성령으로 다스려 주시옵소서.

성령님이 말씀에 사랑을 이루어 주시옵소서.

성령님이 기도에 믿음을 이루어 주시옵소서.

성령님이 기도에 인내를 이루어 주시옵소서.

성령님이 기도에 고난을 이루어 주시옵소서.

성령님이 기도에 거룩을 이루어 주시옵소서.

성령님이 기도에 겸손을 이루어 주시옵소서.

성령님이 기도에 사랑을 이루어 주시옵소서.

사랑의 제단을 만들어 주시옵소서.

겸손의 제단을 만들어 주시옵소서.

순종의 제단을 만들어 주시옵소서.

기쁨의 제단을 만들어 주시옵소서.

감사의 제단을 만들어 주시옵소서.

지혜의 제단을 만들어 주시옵소서.

기도의 제단을 만들어 주시옵소서.
섬김의 제단을 만들어 주시옵소서.
희생의 제단을 만들어 주시옵소서.
축복의 제단을 만들어 주시옵소서.

성령으로 행하여 육체의 욕심을 이루지 않게 하여 주시옵소서.
성령으로 행하여 육체의 정욕을 이루지 않게 하여 주시옵소서.
성령으로 행하여 육체의 교만을 이루지 않게 하여 주시옵소서.
성령으로 행하여 육체의 자랑을 이루지 않게 하여 주시옵소서.
성령으로 살고 성령으로 행하기를 원합니다.

성령으로 날마다 기도합니다.
성령으로 수시로 기도합니다.
성령으로 순간마다 기도하는 능력을 주시옵소서.
성령으로 항상 간구하는 눈물을 주시옵소서.
성령으로 끊임없이 간구합니다.
성령으로 계속 간청합니다.
말씀에 순종하고 성령으로 복종합니다.
인애와 진리가 되게 하여 주시옵소서.
성령으로 겸손의 띠를 매고 살게 해주시옵소서.
의와 화평이 되게 하여 주시옵소서.
성령으로 온유한 얼굴이 되기를 원합니다.
나의 특권을 포기하고 천국의 땅을 기업으로 받게 하여
주시옵소서.

성령으로 사랑하고 주님의 사랑으로 용서하기를 원합니다.
초라하고 수수한 예수님의 겸손한 겉옷을 입고 살게
해주시옵소서.

생각의 거룩을 이루어 주시옵소서.
마음의 거룩을 이루어 주시옵소서.
심령의 거룩을 이루어 주시옵소서.
입술의 거룩을 이루어 주시옵소서.
행실의 거룩을 이루어 주시옵소서.
두 눈의 경건을 이루어 주시옵소서.
두 귀의 경건을 이루어 주시옵소서.
보는 것과 듣는 것의 경건을 이루어 주시옵소서.

성령의 불은 생명의 불임을 선포합니다.
성령의 불은 사랑의 불임을 선포합니다.
성령의 불은 겸손의 불임을 믿습니다.
성령의 불은 온유의 불임을 믿습니다.
성령의 불은 믿음의 불임을 고백합니다.
성령의 불은 소망의 불임을 고백합니다.
성령의 불은 능력의 불임을 믿습니다.
성령의 불은 감사의 불임을 믿습니다.
성령의 불은 치유의 불임을 선포합니다.
기도할수록 더욱 겸손해지게 하여 주시옵소서.
주여, 주여, 주여 도와주시옵소서.

사랑을 행하여 사랑의 열매를 먹고 사랑으로 성장하게 하여
주시옵소서.
성령으로 인내하기를 원합니다.
내 심령에 성령의 불이 충만하기를 간구합니다.
영혼의 구원을 이루어 주시옵소서.
성령의 순종으로 천국의 상급문을 열어주시옵소서.
성령의 믿음으로 천국문을 열게 해주시옵소서.
성령의 사랑으로 천국에서 유업을 받게 하여 주시옵소서.
성령으로 OO 교회를 섬깁니다.
교회의 머리는 예수님이시고 교회의 주인도 예수님이십니다.
하나님께서 원하시는 영혼들을 살리게 하여 주시옵소서.
성령의 능력으로 하나님의 뜻을 행하여 영원히 거하게 하여
주시옵소서.

성령으로 탐욕을 이기게 하여 주시옵소서.
성령으로 원망과 불평을 이기게 하여 주시옵소서.
성령으로 불안과 염려를 이기게 하여 주시옵소서.
성령으로 거짓과 교만을 이기게 하여 주시옵소서.
성령으로 아낌없이 사랑하고 남김없이 사랑하기를 원합니다.
성령으로 기름과 등불을 준비하며 항상 깨어 있게 하여
주시옵소서.
깨끗하고 정직한 믿음의 정절을 주시옵소서.
모든 기도와 간구를 성령 안에서 합니다.

성령으로 기도하고 마음으로 기도하고 성령으로 찬송합니다.
성령의 힘으로 날마다 나를 비우고 예수님의 모습으로 살게
해주시옵소서.
성령께서 유혹의 욕심에 따라 썩어져가는 구습을 버리게
도와주시옵소서.
성령님이 옛 사람과 죄된 행위를 벗게 하여 주시옵소서.
성령이 과거의 생각과 행위를 벗게 하십니다.
성령이 죄된 행위를 제거해 주십니다.
성령으로 더욱 강력한 전신갑주를 입혀 주시옵소서.
내 안에 성령께서 계시니 "보지 못하고 믿는 저에게 복되도다"
말씀해 주시옵소서.

성령님이 내 중심에 기도의 길을 내어 주시옵소서.
성령님이 내 중심에 사랑의 길을 내어 주시옵소서.
성령님이 내 중심에 감사의 길을 내어 주시옵소서.
성령님이 내 중심에 겸손의 길을 내어 주시옵소서.
성령님이 내 중심에 보혈의 길을 내어 주시옵소서.
성령님이 내 중심에 생명의 길을 내어 주시옵소서.
주께 힘을 얻어 마음에 시온의 대로가 있는 자는 복이 있음을
믿습니다.

성령님의 임재로 세상이 하찮아 보이게 하여 주시옵소서.
성령님의 임재로 세상이 먼지처럼 보이게 하여 주시옵소서.
성령의 충만함을 받게 하여 주시옵소서.

성령의 불로 불로 불로 불로 불로 임재하여 주시옵소서.
성령이 말하게 하심에 따라 기도하게 하여 주시옵소서.
성령이 말하게 하심에 따라 사랑하게 하여 주시옵소서.
성령이 말하게 하심에 따라 순종하게 하여 주시옵소서.

성령을 성령을 성령을 간구합니다.
성령의 불이 불이 불이 불이 불이 임하게 하여 주시옵소서.
넘어져도 기도합니다.
낙심해도 기도합니다.
힘들어도 기도합니다.
어려워도 기도하겠습니다.
외로워도 기도하겠습니다.
주의 길을 찾고 간구합니다.
하나님은 내 마음을 보십니다.
마음을 다하는 기도가 되게 하여 주시옵소서.

주여, 내 모든 것이 하나님 앞에 영광이 되는 삶이 되게 하여
주시옵소서.
주여, 내 모든 일이 하나님 앞에 예배가 되는 삶이 되게 하여
주시옵소서.
주여, 내 모든 계획이 하나님 앞에 아름다운 삶이 되기를 원합니다.
내 생각이 주님의 뜻보다 앞서가지 않게 해주시옵소서.
초상집을 생각하며 얼굴에 근심하는 것이 마음에 유익함을
믿습니다.

내 마음에 회개의 영을 부어 주시옵소서.

내 심령에 회개의 영을 부어 주시옵소서.

성령께서 회개하게 도와주시옵소서.

회개하여 천국에 가까이 가겠습니다.

성령께서 탄식하여 주시옵소서.

회개에 합당한 열매를 맺게 하여 주시옵소서.

성령의 불로 죄에서 자유하게 하여 주시옵소서.

성령의 불로 모든 죄의 뿌리를 제거해 주시옵소서.

성령님이 죄를 이기고 다스릴 수 있는 능력을 주시옵소서.

성령으로 기뻐합니다.

오직 믿음으로 세상을 이기게 하여 주시옵소서.

주께서 생명의 길을 내게 보이셨으니 기쁨이 충만하기를
원합니다.

주의 우편에 있는 영원한 즐거움을 주시옵소서.

영원한 기쁨이 내 머리 위에 있게 하여 주시옵소서.

모든 슬픔과 탄식이 달아나게 하여 주시옵소서.

구겨짐 없고 흠 없는 기쁨을 주시옵소서.

내 앞에 있는 영광을 위하여 십자가를 참게 해주시옵소서.

성령께서 주시는 기쁨으로 계속 기뻐하기를 원합니다.

기쁨으로 모든 견딤과 오래참음을 주시옵소서.

믿음으로 항상 읊조리는 기도를 주시옵소서.

거룩으로 항상 간구하는 믿음을 주시옵소서.

고난 가운데 항상 소망하는 소망을 주시옵소서.

성령으로 항상 사랑하는 사랑을 주시옵소서.
말씀 가운데 항상 감사하는 감사를 주시옵소서.
순종으로 항상 무릎 꿇는 겸손을 주시옵소서.
영광으로 걸어가는 팔복의 길을 주시옵소서.

큰 기쁨과 감사가 넘치기를 원합니다.
넘치는 기쁨과 감사로 복음을 전하게 하여 주시옵소서.
성령님이 주시는 기쁨과 순전한 마음으로 살기를 간구합니다.
주님이 주신 기쁨을 빼앗기지 않게 해주시옵소서.
나의 근심이 성령의 탄식이 되기를 원합니다.
나의 염려가 성령의 간구가 되기를 소망합니다.
나의 낙심이 성령의 기쁨이 되게 하여 주시옵소서.
나의 서운함이 성령의 위로가 되게 하여 주시옵소서.

기쁨의 기름으로 슬픔을 대신하게 하여 주시옵소서.
감사의 기름으로 상처를 대신하게 하여 주시옵소서.
성령의 기름으로 실망을 대신하게 하여 주시옵소서.
영광의 기름으로 좌절을 대신하게 하여 주시옵소서.
보혈의 권세로 기쁨을 뿌려 주시옵소서.
정직한 자를 위하여 기쁨을 뿌려 주시는 하나님을 찬양합니다.

성령의 기쁨과 즐거움으로 인도받아 왕궁에 들어가게 하여
주시옵소서.
하나님의 제단에 나아가는 큰 기쁨을 주시옵소서.

영혼을 거슬러 싸우는 육체의 정욕을 성령으로 제어하기를
원합니다.
고난을 예배로 만들어 내는 고귀한 영혼으로 살게 해주시옵소서.
계명을 온전히 지켜서 내 영혼을 지키게 하여 주시옵소서.

슬픔이 변하여 기쁨이 되게 하여 주시옵소서.
애통이 변하여 위로가 되게 하여 주시옵소서.
낙심이 변하여 용기가 되게 하여 주시옵소서.
실망이 변하여 사랑이 되게 하여 주시옵소서.
성령의 기쁨으로 크게 함성을 지릅니다. 아멘. 아멘. 아멘.
기도의 열매를 맺게 하여 주시옵소서.

성령님이 오셔서 내 마음에 위로해 주시옵소서.
성령님이 오셔서 내 심령에 기름부음으로 채워 주시옵소서.
성령님이 오셔서 내 영혼을 만나 주시옵소서.
성령님이 오셔서 내 상처를 만져 주시옵소서.
성령님이 오셔서 내 슬픔을 만져 주시옵소서.
성령님이 오셔서 내 고통을 만져 주시옵소서.
성령님이 오셔서 내 아픔을 만져 주시옵소서.
성령님이 오셔서 내 좌절을 만져 주시옵소서.
성령으로 심고 성령으로 행하여 영생을 거두게 하여 주시옵소서.
성령의 약속을 받고 성령으로 심어 하나님의 뜻과 응답을
기다립니다.
성령께서 흠향하시는 기도는 경건을 이루게 하십니다.

성령께서 이끄시는 믿음은 생명을 이루게 하십니다.
성령께서 이끄시는 소망은 천국을 이루게 하십니다.
성령께서 원하시는 사랑은 거룩을 이루게 하십니다.
성령께서 원하시는 겸손은 예배를 이루게 하십니다.
성령께서 기뻐하시는 감사는 상급을 이루게 하십니다.
하나님이 기쁘게 받으실 신령한 예배를 드릴 거룩한 제사장이
되게 하여 주시옵소서.

성령의 불로 불로 불로 불로 불로 임하여 주시옵소서.
성령의 불이 불이 불이 불이 불이 임재하여 주시옵소서.
성령으로 기뻐하고 성령으로 살게 해주시옵소서.
성령으로 감사하고 성령으로 살게 해주시옵소서.
성령으로 사랑하고 성령으로 살게 해주시옵소서.
성령으로 겸손하고 성령으로 기뻐해 주시옵소서.
성령으로 온유하고 성령으로 기뻐해 주시옵소서.

살아계신 하나님을 믿으니 상급자 신부가 되게 하여 주시옵소서.
성령님이 내 안에 오셔서 주는 것이 복됨을 알게 해주시옵소서.
느리게 가도 정직하게 살기를 원합니다.
내가 원하는 것을 포기하고 하나님 나라를 세우게 하여
주시옵소서.
내 욕심을 내려놓고 하나님 나라를 증언하게 하여 주시옵소서.
나의 인정받음을 내어 드리고 복음을 위해 살게 하여 주시옵소서.
성령님이 계신 곳에 기쁨이 있습니다.

성령님이 계신 곳에 사랑이 있습니다.

성령님이 계신 곳에 섬김이 있습니다.

성령님이 계신 곳에 희생이 있습니다.

성령님이 계신 곳에 겸손이 있습니다.

성령님이 계신 곳에 지혜가 있습니다.

성령님이 계신 곳에 용서가 있습니다.

성령님이 계신 곳에 회개가 있습니다.

성령님이 계신 곳에 거룩이 있습니다.

성령님이 계신 곳에 감사가 있습니다.

성령님이 계신 곳에 만족이 있습니다.

성령님이 계신 곳에 생명이 있습니다.

성령님이 계신 곳에 진리가 있습니다.

성령님이 계신 곳에 평강이 있습니다.

성령님이 계신 곳에 담대함이 있습니다.

나를 비워 성령으로 살게 하여 주시옵소서.

나를 비워 복음으로 살게 하여 주시옵소서.

나를 비워 사랑으로 살게 하여 주시옵소서.

나를 비워 겸손으로 살게 하여 주시옵소서.

나를 비워 예수님으로 살게 해주시옵소서.

나를 비워 순종으로 살게 해주시옵소서.

나를 비워 거룩으로 살게 해주시옵소서.

나를 비워 팔복으로 살게 해주시옵소서.

좋은 것을 주신다고 약속하신 말씀을 이루어 주시옵소서.

좋은 것을 주신다고 약속하신 유업을 이루어 주시옵소서.
좋은 것을 주신다고 언약하신 해의 영광을 이루어 주시옵소서.
상한 마음을 고쳐 주시고 깨진 마음을 고쳐 주시옵소서.
상한 심령을 고쳐 주시고 깨진 심령을 고쳐 주시옵소서.
모든 두려움과 의심을 성령의 불로 불로 불로 태워 주시옵소서.
죄의 문턱에서 성령의 힘으로 거뜬히 통과하게 하여 주시옵소서.
죄의 욕심에서 성령의 힘으로 넉넉히 통과하게 하여 주시옵소서.
고난이 큰 만큼 하늘의 영광도 큰 것을 감사하게 하여 주시옵소서.
사랑이 큰 만큼 하늘의 영광도 큰 것을 기대하게 하여 주시옵소서.
희생이 큰 만큼 하늘의 영광도 큰 것을 기뻐하게 하여 주시옵소서.
위험이 큰 만큼 하늘의 영광도 큰 것을 기뻐하게 하여 주시옵소서.

고난의 잔이 채워질 때 성령님이 영광 받아 주시옵소서.
눈물의 잔이 채워질 때 성령님이 영광 받아 주시옵소서.
회개의 잔이 채워질 때 예수님이 기뻐 받아 주시옵소서.
믿음의 잔이 채워질 때 예수님이 기뻐 받아 주시옵소서.
사랑의 잔이 채워질 때 예수님이 기뻐 받아 주시옵소서.
눈물의 잔과 고난의 잔을 십자가로 올려드립니다.
회개의 잔과 통곡의 잔을 보혈로 올려드립니다.
희생의 잔과 애통의 잔을 기도로 올려드립니다.
질고의 잔과 고역의 잔을 감사로 올려드리기를 원합니다.
이 기도를 성령님께 의지하고 보혈을 의지하여 기도합니다.

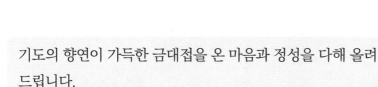

기도의 향연이 가득한 금대접을 온 마음과 정성을 다해 올려 드립니다.

이 기도가 살아있는 향, 생명이 넘치는 향, 거룩한 향기가 되게 하여 주시옵소서.

깨끗하고 정결한 향과 아름다운 신부의 향이 되기를 원합니다.

기도의 향연을 주님이 흠향하시고 기뻐하실 예수님의 이름으로 간절히 기도합니다. (아멘)

기도를 마치매 불이 하늘에서부터 내려와서 그 번제물과 제물들을 사르고 여호와의 영광이 그 성전에 가득하니 대하 7:1

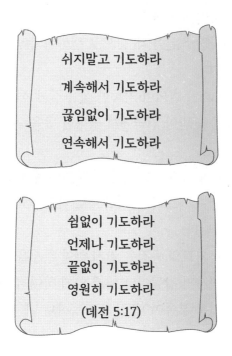

쉬지말고 기도하라

계속해서 기도하라

끊임없이 기도하라

연속해서 기도하라

쉼없이 기도하라

언제나 기도하라

끝없이 기도하라

영원히 기도하라

(데전 5:17)

기름부음의 기도

내가 내 기름부음 받은 자를 위하여 등을 준비하였도다 시 132:17

주의 성령이 내게 임하셨으니 내 머리 위에 기름을 부어
주시옵소서.
대언하는 것마다 그대로 이루어질 것을 믿고 마음에 의심 없이
선포합니다. 아멘.
내 영혼이 기름 부음을 받았은즉 주님이 사랑하시는 영원한
제사장이 되게 하여 주시옵소서.
하늘에 있는 제사장 직분을 내 삶으로 행하여 주님의 뜻을
이루기를 원합니다.
이제부터는 세상과 구별되어 거룩한 삶을 살게 해주시옵소서.
성령의 기름 부음을 받아 천국에서 영구한 몫을 얻게
해주시옵소서.
말씀으로 기도하여 성령의 열매를 맺게 하여 주시옵소서.
하나님 앞에 영으로 기도하고, 마음으로 기도하고, 행함으로
기도하기를 원합니다.
하늘에 상달되는 기도의 공적을 쌓게 하여 주시옵소서.
성령이 하시는 역사가 갑절이나 내게 있게 하여 주시옵소서.
하나님께 받은 기름 부음이 내 안에 가득하니 내 심령의 잔이
넘치나이다.

내 마음에 기쁨의 기름을 부어 주시옵소서.

내 심령에 거룩의 기름을 부어 주시옵소서.

내 생각과 마음이 성령의 기름으로 차고 넘치기를 간구합니다.

성령의 불이 내 심령에 가득 가득 채워지기를 원합니다.

믿음의 공적, 사랑의 공적, 희생의 공적이 여호와의 저울에

올려지게 하여 주시옵소서.

믿음과 사랑과 희생이 십자가의 거룩한 무게가 되기를 원합니다.

보좌 앞 금 제단에 있는 기도의 불을 내려 주시옵소서.

금향로를 천국의 향기로 채워 주시옵소서.

"여호와의 말씀이 내가 네 기도를 들었고 네 눈물을 보았노라 내가

너를 낫게 하리라"

아멘. 아멘. 아멘.

하늘의 불이 기도의 불이 되어 성령으로 운행하여 주시옵소서.

성령께서 내 기도의 주권이 되어 주시옵소서.

내가 있는 자리가 골방의 지성소가 되기를 원합니다.

날마다 천국을 사모하는 마음을 주시옵소서.

하나님과 깊이 만나는 지성소 골방이 되기를 원합니다.

영의 기도로 성령님과 동행하기를 간구합니다.

하나님의 영과 함께하는 기도가 되게 하여 주시옵소서.

성령님이 기도의 주인이 되어 주시고 성령의 불로 운행하여

주시옵소서.

성령께서 나를 강권하여 주시옵소서.

성령의 기름이 차고 넘치기를 간구합니다.
성령의 능력으로 모든 상황과 환경을 이길 수 있는 힘을
주시옵소서.
기도하지 않으면 자기의만 드러나는 것을 기억하며 살겠습니다.
기도하면 하나님이 일하시고 모든 것을 주님이 해결해 주십니다.
성령으로 기도하여 하나님의 깊은 뜻을 알게 해주시옵소서.
내 마음을 살피시는 주님과 성령으로 만나기를 원합니다.

유익 없는 말다툼을 버리게 하여 주시옵소서.
작은 말다툼도 내 안에 기름을 빼앗아가는 마귀의 계략임을 알게
해주시옵소서.
근심과 염려가 내 마음에서 머물지 않기를 원합니다.
믿음으로 근심과 염려를 물리치게 하여 주시옵소서.
하늘의 소망으로 낙심과 좌절이 떠나가게 하여 주시옵소서.
나의 죄를 보며 애통하게 하시고 내 들보를 보는 영의 눈을
주시옵소서.
기도하는 자는 절대로 후회하지 않는 삶을 살 수 있음을 믿습니다.
기도하지 않게 되면 내 뜻대로 살게 되어 죄를 짓게 되지만
기도하면 주 뜻대로 살게 되어 하늘에 영광이 됨을 믿습니다.
목적을 가지고 기도하는 것보다 오직 예수님이 목적이 되는
기도를 하게 하여 주시옵소서.
예수님만 생각하는 삶이 되기를 원합니다.

하나님의 뜻에 합당하게 살 수 있는 믿음을 주시옵소서.

말씀을 삶으로 순종하고 살아내게 하여 주시옵소서.
말씀이 내 삶에서 실상이 되기를 원합니다.
내 삶에 주인 되신 예수님을 내 중심에 모십니다.
성령의 능력으로 내 안에 숨어있는 불안과 두려움을 몰아내기를
원합니다.
힘없는 인생을 의지하지 않고 나를 도우시는 하나님만
의지하겠습니다.
하나님의 뜻에 합당한 삶을 살게 해주시옵소서.
성령이 생수가 되어 내 배에서 흘러넘치기를 간구합니다.

오늘도 성령께 모든 것을 맡기고 철저히 내 삶을 내어 드리는 자가
되기를 원합니다.
내 죄된 생각이 십자가에서 소멸되게 하여 주시옵소서.
억눌린 나를 일으켜 주신 하나님을 찬양합니다.
비굴한 나를 세워주신 하나님을 사랑합니다.
내 목소리로 하나님께 읊조리면 주님은 내 기도에 귀를 기울여
주십니다.
기도해야 거짓된 내 자아를 십자가에 못 박을 수 있고
기도만이 그리스도의 평강으로 내 마음을 주장 할 수 있게 됨을
믿습니다.
하나님의 평강이 그리스도 안에서 내 마음과 생각을 지켜
주시옵소서.
그리하여 내 영과 혼과 몸이 그리스도께서 강림하실 때에 흠 없이
보전되기를 원합니다.

예수 그리스도의 피뿌림이 내 마음과 생각을 평안 가운데 인도해
주시옵소서.
나를 위해 자신을 버리신 예수님을 믿는 믿음 안에서 살게 하여
주시옵소서.
상황과 여건에 따라 흔들리지 않는 믿음을 주시옵소서.

"아멘"하여 하나님께 영광 돌리는 삶을 살게 해주시옵소서.
마음과 뜻과 목숨을 다해 주님만을 최고로 사랑하는 믿음을
주시옵소서.
나의 힘이 되신 하나님을 사랑합니다. 찬양합니다. 경외합니다.
절대적으로 의지합니다. 주님을 신뢰합니다.
주님의 이름을 두 손 높이 들고 크게 외쳐 부르며 간구합니다.
주님의 뜨거운 사랑을 입혀주시고 하나님의 영광을 위해 저
푯대를 향해 나아가기를 원합니다.

항상 기도하고, 수시로 기도하고, 끊임없이 기도하게 하여
주시옵소서.
멈추지 않는 기도만이 하나님의 마음으로 들어가는 거룩한 문임을
믿습니다.
예수님의 마음이 가득한 지성소 기도를 허락하여 주시옵소서.
기도로 쉼을 누리고, 기도로 안식을 누리게 하여 주시옵소서.
모든 것을 구하고 응답받을 수 있는 에덴의 축복을 원합니다.
하나님은 졸지도 않으시니 항상 내 기도를 기쁘게 받아
주시옵소서.

하나님은 주무시지도 않으시니 항상 나를 지켜 주시옵소서.
크고 놀라운 비밀을 알게 하시고 주의 뜻에 순종하고 살게
해주시옵소서.

말씀이 내 삶에 실재가 되기를 원합니다.
성령님이 심으시고 성령님이 거두시는 거룩한 열매를 주시옵소서.
하나님의 마음을 만나는 교제를 원합니다.
예수님이 성령으로 오셔서 말할 수 없는 탄식으로 기도하게 하여
주시옵소서.
기도하는 자에게는 두려움이 없어지고 근심과 걱정이 사라지게
됩니다.
벼랑 끝에 서 있는 낙심도 기도하면 이길 수 있고 좌절을 몰아낼
수 있음을 믿습니다.

자존심을 붙잡으면 순종의 능력을 잃게 됩니다.
상처를 붙잡으면 하나님의 사랑을 놓치게 됩니다.
아무리 좋아 보여도 죄이면 다 버리게 하여 주시옵소서.
내 본성을 송두리째 뽑아 버리는 성령의 불을 내려 주시옵소서.
말씀의 진리가 믿음의 실상이 되게 하여 주시옵소서.
믿음으로 행하고 순종으로 살게 해주시옵소서.

그리스도의 심판대를 준비하는 지혜로운 자가 되기를 원합니다.
마음에 낙심이 생기고 상처가 찾아올 때 기도하게 하여
주시옵소서.

기도하여 마음에 있는 모든 문제가 예수님의 이름으로 해결될
것을 믿습니다.
주님께서 내 영혼을 소생시키고 나의 발을 의의 걸음으로 인도해
주시옵소서.
깨어 기도하여 주님 오실 날을 예비하게 하여 주시옵소서.

거룩과 감사의 삶은 상급이 되고 거룩한 성에 들어갈 권세를 얻게
됨을 믿습니다.
겸손에 겸손을 더하여 주시옵소서.
거룩에 경건을 더하여 주시옵소서.
감격에 기쁨을 더하여 주시옵소서.
기쁨에 생명을 더하여 주시옵소서.
순종에 복종을 더하여 주시옵소서.

성령님이 기도를 도우시고 예수님이 중보하여 주시옵소서.
성령님이 기도를 운행하시고 예수님이 간구하여 주시옵소서.
성령님이 기도를 주관하시고 예수님이 아버지께 직고하여
주시옵소서.
아버지 앞에서 나에게 대언자가 있으니 곧 의로우신 예수
그리스도이십니다.
성령과 말씀이 하나 되어 이 기도를 이끌어 주시옵소서.
기도로 시작하고 기도로 행동하고 기도로 마치게 하여
주시옵소서.

기도에 평강을 주시고 기도하지 않으면 불편한 마음을
주시옵소서.
믿음없이 아무것도 하지 않게 하여 주시옵소서.
사랑없이 아무데도 가지 않게 하여 주시옵소서.
사랑의 열매를 맺고 사랑을 행하여 말씀을 먹고 살게
해주시옵소서.

하나님의 뜻을 알고 하나님의 뜻을 이루게 하여 주시옵소서.
하나님의 마음을 알고 순종하게 하여 주시옵소서.
내 삶이 순종의 처소가 되기를 원합니다.
말씀을 심어 응답을 거두고 믿음을 뿌려 상급을 거두게 하여
주시옵소서.
거룩한 성도의 행실로써 하늘의 영광과 상급을 얻게 하여
주시옵소서.

십자가에서 흘러내리는 순교자의 마음을 부어 주시옵소서.
예수님의 보혈이 내 심령 안에서 흘러넘치기를 원합니다.
끊임없이 침노하는 마음을 주시옵소서.
범사에 감사하는 능력을 부어 주시옵소서.
기도에 사랑을 더하여 주시옵소서.
기도에 감사를 더하여 주시옵소서.
기도에 믿음을 더하여 주시옵소서.
기도에 영권을 더하여 주시옵소서.
기도하는 내 속사람에게 상급 면류관을 씌워 주시옵소서.

하나님의 마음에 합한 자가 되기를 원합니다.

예수님처럼 힘쓰고 애써 더욱 간절히 기도하여 땀이 핏방울로
변하는 기도를 하게 하여 주시옵소서.
예수님이 마신 고난의 잔에 참여하는 온전한 제자로 삼아
주시옵소서
생명과 경건에 속한 신성한 능력을 부어 주시옵소서.
믿음에서 시작하여 하나님이 원하시는 사랑을 이루게 하여
주시옵소서.
오직 아버지의 뜻을 이루시는 그리스도의 마음을 따르겠습니다.
기도로 조급한 생각을 버리게 하여 주시옵소서.
조급한 마음을 주는 악한 영들아 예수님의 이름으로 묶임 받고
예수님의 이름으로 떠나가라.
다급한 마음과 앞서가는 마음을 주는 악한 영들아 예수님의
이름으로 완전히 떠나갈지어다.

항상 기도하고 쉼 없이 기도하고 매 순간마다 기도하게 하여
주시옵소서.
날마다 기도하고 고난과 낙심이 있을 때 기도하게 하여
주시옵소서.
말씀으로 승리하는 제사장이 되기를 원합니다.
심판하는 영이신 하나님이 주님의 공의대로 나를 판단하여
주시옵소서.
순종하는 동안 기쁨으로 기뻐하기를 원합니다.

나를 부인하는 동안 나는 비워지고 날마다 말씀으로 채워지게
하여 주시옵소서.
거짓된 내 자아가 사라지고 없어지는 만큼 하늘의 것으로
채워지기를 원합니다.
복종하는 동안 성령으로 충만하기를 원합니다.
성령으로 기도하여 자기의는 사라지고 하나님의 의만 나타나게
하여 주시옵소서.
내 삶에 하나님의 시선과 마음이 머물기를 원합니다.

예수 그리스도의 겸손과 사랑을 주시옵소서.
주인이 혼인 집에서 돌아와 문을 두드리면 곧 열어 주려고
기다리는 사람 같이 살게 해주시옵소서.
나를 거룩하고 깨끗하게 하여 주인의 쓰심에 합당하게 살도록
인도해 주시옵소서.
나의 신랑 되신 예수님이 오실 날만 손 꼽아 기다립니다.
말세에 끝을 준비하는 하나님의 지혜와 겸손을 주시옵소서.
우리 주님이 공중강림 하실 때에 나팔소리를 듣게 해주실
예수님의 이름으로 온 마음과 정성을 다해 기도합니다.

(아멘. 아멘. 아멘.)

그 때에 하나님의 영이 그 위에 임하신지라 민 24:2

말씀이 삶이 되는 기도

너희가 마음을 다하고 뜻을 다하여 너희 하나님을 사랑하는 여부를
알려하사 너희를 시험하심이라 신 13:3

하나님의 능력으로 높임을 받아 주시옵소서.
여호와의 오른손이 내 기도에 힘이 되어 주시옵소서.
하나님의 능력으로 기도하여 주님의 이름을 높이 올려 드립니다.
하나님을 더 신뢰하고 하나님께 맡기는 믿음을 주시옵소서.
하나님께 맡기는 전적인 믿음을 주시옵소서.
하나님께 맡기는 삶을 살아내게 하여 주시옵소서.
예수 그리스도의 삶이 내 거처의 중심이 되게 하여 주시옵소서.
말씀의 법이 나의 삶에 기준이 되기를 원합니다.
순간마다 날마다 말씀과 기도로 채워 주시옵소서.

성령의 불을 내려 주시옵소서.
겸손이 하늘의 영권이 되게 하여 주시옵소서.
감사가 땅에서 열매가 되게 하여 주시옵소서.
내 입에 있는 하나님의 말씀이 불로 선포되게 하여 주시옵소서.
여호와의 말씀을 선포할 때 나의 영이 먼저 듣고 기뻐하며 하늘의
양식을 먹게 하여 주시옵소서.
내 입에 복음의 말씀을 두어 굳건하게 전하겠습니다.

선포된 말씀으로 내 영혼을 먹이시고 입혀주시옵소서.
여호와의 입에서 나가는 말씀은 헛되이 되돌아가지 않음을
믿습니다.
말씀의 소리는 주님이 기뻐하시는 뜻을 이루고 모든 일을
형통하게 하십니다.
나의 입에서 선포되는 말씀도 헛되이 돌아가지 않음을 믿습니다.

내 안에서 행하시는 성령님의 능력을 믿습니다.
내 안에서 행하시는 하나님의 기쁘신 뜻을 위해 살겠습니다.
성령의 능력으로 나를 비우고 예수님으로 채우게 하여
주시옵소서.
말씀을 내 마음에 새겨 죽도록 충성하기를 원합니다.
시험을 참고 "옳다" 인정함 받아 생명의 면류관을 받게 하여
주시옵소서.
하나님의 고난에 참여하는 영광을 내려 주시옵소서.
주께서 나에게 환난의 떡과 고생의 물을 주시나 성령께 이끌림
받아 상급 받는 예배가 되게 하여 주시옵소서.

성령의 검을 예리하게 관리하여 불의 검이 될 수 있게 하여
주시옵소서.
기도의 검, 말씀의 검을 주시옵소서.
사랑의 검, 감사의 검을 주시옵소서.
내가 움직이는 곳마다 기도의 불자국을 주시옵소서.
내가 가는 곳마다 성령의 불자국을 주시옵소서.

하나님의 뜻을 이루는 순종이 되기를 간구합니다.

하나님의 마음을 시원하게 해 드리는 냉수 같은 복종이 되게 하여
주시옵소서.

말씀 안에서 원수를 사랑하며 핍박하는 자를 위하여 축복하게
하여 주시옵소서.

시험에 들지 않게 깨어 기도하고 기도하기를 원합니다.

저주하는 자를 축복하고 모욕하는 자를 위해 기도하는 능력을
주시옵소서.

이 땅에서 응답받지 못한 기도는 하늘에서 더 큰 영광으로
되찾기를 원합니다.

그의 나라와 의를 위하여 생각하고 움직이는 것마다 아름다운
상급이 되게 하여 주시옵소서.

말씀 안에서 기도하여 응답이 늦어질 때마다 더 큰 믿음으로
기대하게 하여 주시옵소서.

성령 안에서 기도하여 응답 되지 않는 것마다 하늘에 쌓이는
기쁨을 주시옵소서.

말씀을 순종하여 사랑의 반열에 오르고 사랑의 법을 이루게 하여
주시옵소서.

말씀으로 기도하겠사오니 내 심령에 평강이 넘치기를 원합니다.

성령의 능력으로 팔복의 문을 열고 팔복의 문을 통과하는 능력을
주시옵소서.

기도가 내 삶에 전부가 되게 하여 주시옵소서.

기도의 면류관 받기를 원합니다.

기도의 제사장이 되게 하여 주시옵소서.
기도로 하나님의 뜻을 묻고 말씀으로 행하게 하여 주시옵소서.
눈물의 희생, 전심을 다하는 사랑, 하나님의 마음에 상달되는
충성을 원합니다.

말씀에 성령의 불이 붙게 하여 주시옵소서.
순종에 믿음의 불이 붙게 하여 주시옵소서.
행함에 사랑의 불이 붙게 하여 주시옵소서.
평안에 화평의 불이 붙게 하여 주시옵소서.
전도에 복음의 불이 붙게 하여 주시옵소서.
소망에 침노의 불이 붙게 하여 주시옵소서.
예수님의 보혈과 성령의 불로 천국을 향해 전심으로 나아갑니다.
담대한 믿음을 갖게 하여 주시옵소서.
담대한 희생을 갖게 하여 주시옵소서.
성령께서 기도하는 자에게 능력을 베풀어 주실 줄 믿습니다.

여호와는 나를 지키시는 하나님이십니다.
내가 어디로 가든지 내 하나님 여호와께서 나와 함께 하시니
감사드립니다.
오직 말과 행실과 사랑과 믿음과 정절로 행하여 믿는 자에게 본이
되는 삶을 살게 하여 주시옵소서.
모든 것을 감사함으로 받아 버릴 것이 없게 하여 주시옵소서.
믿음과 사랑과 거룩함에 거하여 구원을 얻게 하여 주시옵소서.
정중하고 일구이언하지 않게 도와주시옵소서.

주님이 주신 모든 은혜를 누리지 않고 흘려보내는 마음으로 살게
하여 주시옵소서.
하나님의 뜻은 받은 은혜를 영혼들에게 나눠주는 데 있음을
믿습니다.
나 자신을 위해 살지 않고 그리스도의 사랑으로 살게
해주시옵소서.
경건은 범사에 유익하니 경건에 이르도록 저를 연단하겠습니다.
감사할 수 없는 것을 감사할 수 있는 믿음을 주시옵소서.
감사할 수 없는 나의 입술에서 감사하는 고백이 나오기를
원합니다.
항상 감사하고 범사에 감사하는 믿음을 주시옵소서.
감사하는 곳에 하나님이 임재하시는 거룩한 에벤에셀이 될 수
있음을 믿습니다.

믿음과 착한 양심을 갖게 하여 주시옵소서.
청결한 마음으로 기도하고 선한 양심과 거짓 없는 사랑으로
살기를 원합니다.
두려워하는 마음은 거두시고 오직 능력과 사랑과 절제하는 마음을
주시옵소서.
예수님 안에 있는 믿음과 사랑으로써 바른말을 본받아 순종하고
살겠습니다.
내 안에 있는 아름다운 것을 지키게 하여 주시옵소서.
내 안에 거하시는 성령으로 그리스도의 삶을 이루기를
간구합니다.

하나님의 법대로 경기하여 가장 최고로 인정해주는 승리의
면류관을 받게 하여 주시옵소서.

천한 나무 그릇이 될지라도 나를 비워 주인이 쓰시기에 합당한
자로 살게 하여 주시옵소서.
나를 깨끗하게 하여 주인이 원하는 것을 담고 살게 하여
주시옵소서.
육신의 정욕을 피하고 의와 믿음과 사랑과 화평을 따르겠습니다.
내 마음이 낙심되오나 하나님이 살아계시니 낙심하지 않겠습니다.
내 마음에 낙심과 상처가 찾아와도 하나님이 살아계시니 좌절하지
않겠습니다.
예수님이 나타나실 그때까지 흠없이 살기를 간구합니다.
성령의 힘으로 책망받을 것 없이 모든 계명을 다 지키고 살게
해주시옵소서.

자족하는 마음으로 경건을 이루게 하여 주시옵소서.
먹을 것과 입을 것이 있은즉 만족하고 살겠습니다.
돈을 사랑하여 일만 악의 뿌리를 만들지 않게 해주시옵소서.
어리석고 해로운 욕심으로 시험과 올무에 걸리지 않기를
원합니다.
유혹에 빠져 근심으로써 나를 찌르지 않게 해주시옵소서.
마음을 높이지 말고 정함없는 재물에 소망을 두지 않겠습니다.
오직 모든 것을 후히 주시고 누리게 하시는 하나님께 소망을
둡니다.

선을 행하고 선한 사업을 많이 하여 좋은 터를 쌓게 하여
주시옵소서.
나누어 주기를 좋아하고 너그러운 자가 되기를 원합니다.
자기 가족과 이웃을 돌보며 사랑 가운데 사랑하며 살게
해주시옵소서.
용서할 수 없는 사람을 용서하고 사랑할 수 없는 사람을 사랑하게
하여 주시옵소서.
가장 낮은 곳에서 주님의 마음으로 섬기게 하여 주시옵소서.
내가 낮아지는 만큼 우리 주님이 더욱 높아지는 것에 크게
기뻐하기를 원합니다.
내가 낮아질수록 우리 주님은 계속 흥하게 되시니 더 큰 감사를
올려 드립니다.
내가 쇠약해질수록 우리 주님은 더욱 강해지시니 두려움이
떠나가게 하여 주시옵소서.
내가 쇠잔해질 때마다 우리 주님은 더욱 높아지시니 모든 영광을
받아 주시옵소서.
오늘도 감사하는 겸손으로 우리 주님을 높여드립니다.
겸손 또 겸손 겸손한 예수님의 마음을 주시옵소서.
험난하고 외로운 길을 상급길로 만들어 주시는 거룩한 기쁨을
주시옵소서.
나는 없고 오직 주님만 있는 아름다움을 주시옵소서.

살려면 말씀 붙잡고 더욱 기도하게 하여 주시옵소서.
죄가 문 앞에 있을 때 승리할 기회를 잡게 하여 주시옵소서.

원망하는 말을 하려고 할 때 성령으로 자기를 부인하여 감사하는
예배자가 되게 하여 주시옵소서.
미운 사람이 생각날 때 예수님의 십자가로 사랑하게 하여
주시옵소서.
잘하는 것을 자랑하고 싶을 때 내가 아닌 오직 예수님과 복음만
자랑하게 하여 주시옵소서.
타인을 보며 열등감을 느낄 때 내가 하늘에 속한 상속자임을
기억하게 하여 주시옵소서.
그리하여 하늘의 상급을 바라보고 만족하며 기뻐하길 원합니다.
사람보고 실망할 때 예수님만이 나의 참소망되신 것을 기억하고
살게 해주시옵소서.
모든 것을 그만두고 싶을 때마다 예수님의 희생과 십자가 복음을
생각하겠습니다.
약할 때 강함 주시는 내 주 하나님을 의지합니다.
부당하고 억울한 일 당할 때도 나를 위해 십자가를 지신 예수님을
떠올리겠습니다.
예수님을 생각하여 참을 때마다 하늘에서는 아름다운 영광의
번제가 쌓이게 하여 주시옵소서.

성령 안에서 겸손해지는 것이 곧 이기는 것임을 알게
해주시옵소서.
성령의 능력으로 원수를 사랑하고 용서하게 하여 주시옵소서.
혀를 능히 길들여 남을 판단하지 않게 해주시옵소서.
자기주장과 고집을 내려놓고 성령으로 날마다 죽게 해주시옵소서.

주를 위해 버리는 것이 새롭게 얻게 될 권세임을 믿습니다.
주의 일을 하다 병이 나면 이 고통은 내가 하나님을 사랑하기
때문임을 알게 해주시옵소서.
지쳐 쓰러지고 고난받으면 하나님의 영광이 내 머리 위에
임재하고 있음을 기억하고 살겠습니다.
남이 나를 칭찬해 줄 때 내가 나 된 것은 다 주님의 은혜라고
고백하는 자가 되기를 원합니다.
남을 위해 희생하다 지친 그 순간 나를 위해 희생하신 예수님을
생각하게 하여 주시옵소서.
희생당하는 것보다 자원하는 희생을 올려 드리게 하여
주시옵소서.
내 죄를 위해 자신을 버리신 예수님의 십자가를 믿습니다.

억울한 말다툼을 스스로 부인하여 침묵의 상급을 얻게
해주시옵소서.
남의 허물을 덮어주고 사랑의 옷을 입어 사랑하는 주님과
동행하기를 원합니다.
노하기를 더디하고 허물을 용서하여 하늘의 영광을 갖게
해주시옵소서.
조급한 생각을 버리고 서두르지 않는 거룩한 인내를 이루어
주시옵소서.
하나님의 일만 하다가 지쳐 힘들면 식사할 겨를도 없이 일하신
예수님을 생각하며 살겠습니다.
애매히 고난을 받아 마음이 좋지 않을 때도 하나님을 생각하여

아름다움을 이루게 하여 주시옵소서.
더 이상 못 참겠다는 생각이 들 때 이것까지 참으라고 하신
예수님을 생각하며 살겠습니다.
자기 사람들을 끝까지 사랑하신 예수님을 본받아 끝까지 서로
사랑하게 하여 주시옵소서.

단 한 걸음도 하나님의 방법으로 걷게 하시고 주님의 의로 심게
하여 주시옵소서.
내가 손해 볼 때 하늘에 영원한 보화가 쌓이고 있음을 기억하게
하여 주시옵소서.
남을 구제하려고 내 소유를 팔아 낡아지지 않는 하늘의 배낭을
만들게 하여 주시옵소서.
하나님은 성도를 섬긴 것과 이제도 섬기고 있는 것을 기억해
주신다고 말씀하셨습니다.
까다로운 사람 앞에서 예수님의 온전함을 이루게 하여
주시옵소서.
타인의 말과 행동을 보지 말고 내 눈에 있는 티와 들보를 보게
해주시옵소서.
악행하려는 내 모습이 나올 때마다 악에 지지 않고 선으로 악을
이기는 힘을 주시옵소서.
허물을 용서하는 것이 자기의 영광이 되고 그리스도의 성품이
되는 것임을 믿습니다.
세속에서 나를 지켜내고 하나님을 사랑하여 고난의 길을 걷게
하여 주시옵소서.

시험당해 마음이 지치고 괴로울 때 믿음의 용기를 가지겠습니다.
선을 행하다가 좌절하는 순간들이 있습니다.
그 순간에 이기는 자의 상 주실 것을 믿고 다시 일어서겠습니다.
주님이 내 편에 서서 항상 도우실 것을 생각하며 감사로
나아가겠습니다.
하나님이 주시는 복음의 상급을 믿음으로 취합니다.
복음을 전하는 것이 주의 큰 복을 받는 참된 비결임을 알게
해주시옵소서.
복음을 전하다가 지치고 힘들 때 저에게 포기하지 않는 힘을
주시옵소서.
포기하지 않는 이 간구를 주님께서 받으시고 그 영혼을 살리실
것을 믿습니다.

내 삶의 문제를 인간적인 감정과 상식으로 해결하지 않게 하여
주시옵소서.
무슨 일을 하든지 항상 아버지의 뜻대로 하기를 원합니다.
예수님의 보혈로 내 이름이 하늘에 기록된 것으로 감사하며
살겠습니다.
예수님의 보혈로 내 이름이 생명책에 녹명된 것으로 기뻐하며
살겠습니다.

지금까지 지내온 것은 하나님의 크신 은혜였음을 고백합니다.
주님의 손이 언제나 나를 살펴주시고 모든 일을 주 안에서 이룰 수
있게 도와주시옵소서.

주님을 뵈올 날이 가까워졌으니 성령 가운데 깨어
기도하겠습니다.
하나님의 말씀을 성령의 능력으로 살아내도록 새 힘을 주신 주
예수 그리스도의 이름으로 기도합니다. (아멘)

그런즉 너희는 이 언약의 말씀을 지켜 행하라 그리하면 너희가 하는 모든

일이 형통하리라 신 29:9

예수님이 사랑하시는 교회

사랑의 기도

너희도 서로 사랑하라 요 15:12

사랑의 문을 성령의 힘으로 열고 들어갑니다.
성령의 손이 시랑하는 자의 손이 되게 해주시옵소서.
사랑으로 상급의 문을 열 수 있기를 소망합니다.
예수님의 사랑의 문을 통과하게 하여 주시옵소서.
예수님의 사랑 안으로 들어갑니다.

사랑은 마귀와 귀신을 쫓아낼 수 있는 강력한 힘이 있음을
믿습니다.
사랑으로 시작하고 사랑으로 행하고 사랑으로 마치게 하여
주시옵소서.
사랑하는 생각, 사랑하는 마음, 사랑하는 행함을 주시옵소서.
예수님의 눈이 되어 사랑으로 보기를 원합니다.
예수님의 귀가 되어 사랑으로 듣기를 원합니다.
예수님의 마음이 되어 사랑으로 품기를 원합니다.
말씀의 능력이 사랑으로 나타나기를 원합니다.
성령의 능력은 사랑할 수 있는 마음과 생각과 행함을 주십니다.
주님을 사랑하여 받는 고난은 자기의 영광으로 들어가는
상급문임을 믿습니다.

내가 희생되어 받는 사랑의 고난은 자기왕권으로 입성하는
성곽문임을 믿습니다.
고난의 유익은 진주성에 들어갈 권세를 얻기 위한 것임을
믿습니다.
사랑의 견고한 성읍을 짓게 하여 주시옵소서.
이 땅에서 사랑을 이루고 사랑하며 살은 만큼 하늘의 영광도
커지게 됨을 믿습니다.
생각의 그릇이 사랑의 밭이 되게 하여 주시옵소서.
심령의 그릇이 사랑의 밭이 되게 하여 주시옵소서.
입술의 말이 사랑의 씨앗이 되기를 원합니다.
사랑을 행함으로써 사랑의 양식을 먹게 하여 주시옵소서.

예수님이 나를 위해 죽으심으로 하나님의 사랑을 확증하셨습니다.
예수님처럼 자신을 버리는 향기로운 제물이 되게 하여
주시옵소서.
예수님의 찔림이 나의 찔림이 되게 해주시고
예수님의 상함이 나의 상함이 되게 하여 주시옵소서.
주님의 징계가 나의 고난이 되게 하여 주시고
주님의 채찍이 나의 채찍이 되기를 원합니다.
예수님이 상함 받으실 때 내 죄악이 용서받고
예수님이 찔림 받으실 때 나의 허물이 사라지게 되었습니다.
예수님이 징계를 받으시므로 내가 평화를 누리게 되었음을
믿습니다.
예수님이 채찍에 맞으시므로 내가 나음을 받았습니다.

내가 평화를 누리고 질병의 치유를 받는 것이 그리스도의 뜻임을
믿습니다.
내 허물이 사라지고 나의 죄악을 용서받는 것이 그리스도의 뜻이
됨을 믿습니다.
이제 나도 예수님의 찔림으로 남의 허물을 관용하고 용서하고
살겠습니다.
이제 나도 예수님의 상함으로 남의 죄를 보지 않고 사랑하며
살겠습니다.
희생의 기름으로 주님을 흡족하게 만드는 삶을 살게
해주시옵소서.
예수님의 사랑이 온전하게 이루어지기를 원합니다.

성령께서 사랑하는 자에게 능력을 베풀어 주실 줄 믿습니다.
하나님, 내 안에 사랑의 빛을 비춰 주시옵소서.
사랑으로 성장하게 도와주시옵소서.
사랑의 삶이 되게 하여 주시옵소서.
사랑에 인내를 이루게 하여 주시옵소서.
사랑에 기쁨이 임하게 하여 주시옵소서.
사랑에 화평을 이루게 하여 주시옵소서.
사랑에 온유가 넘치기를 원합니다.
사랑으로 충성하며 살고 싶습니다.
사랑으로 참생명을 얻게 하여 주시옵소서.
하나님은 사랑이시니 저도 사랑이 되게 하여 주시옵소서.

사랑으로 미움을 이기고 서운한 생각, 억울한 생각, 원망하는
생각을 몰아내게 하여 주시옵소서.
사랑의 빛이 믿음의 빛, 소망의 빛, 천국의 빛, 생명의 빛이 되게
하여 주시옵소서.

주님을 사랑하는 마음으로 순종하기를 원합니다.
주님을 사랑하는 마음으로 용서하기를 원합니다.
십자가의 사랑으로 허물을 덮어주기를 원합니다.
나라와 민족을 위해 기도하는 제사장이 되게 해주시옵소서.
사랑으로 기도하는 자는 상급자로 인정받게 될 것입니다.
보혈의 사랑을 받아 보혈의 사랑으로 살게 해주시옵소서.

사랑하면 지는 것 같으나 실상은 이기는 것임을 믿습니다.
나의 연약한 행실이 온전한 사랑이 되게 하여 주시옵소서.
나의 십자가가 온전한 사랑이 되게 해주시옵소서.
믿음의 선한 싸움을 싸워 사랑을 이루게 하여 주시옵소서.
복음을 전하는 사랑의 발걸음이 되기를 원합니다.
사랑을 부어 주시옵소서.
사랑의 잔을 채워 주시옵소서.
예수님이 나의 사랑이시고 성령님이 나의 주인이십니다.

이 세상에서 가장 하찮은 일도 하나님을 사랑하여 하게 되면
그 일은 가장 존귀하고 영광스러운 일이 될 수 있음을 믿습니다.
사랑하는 예수님의 발걸음이 되겠습니다.

사랑하는 예수님의 심령이 되겠습니다.

사랑으로 다른 사람의 허물을 보지 않기를 원합니다.

사랑 가운데 책망할 것 없는 자로 끝까지 서게 하여 주시옵소서.

가장 낮은 곳에서 가장 빛나는 사랑을 알게 해주시옵소서.

가장 낮고 천한 곳에 주님의 임재가 있음을 믿습니다.

온유한 사랑으로 시작하여 담대한 사랑으로 마치게 하여
주시옵소서.

사랑하는 자가 하나님의 시선과 마음을 얻게 될 것입니다.

사랑하는 자는 하나님의 손에 왕관이 될 것입니다.

사랑으로 이웃을 섬기고 관용하며 살게 해주시옵소서.

순간마다 날마다 사랑으로 행하고 사랑으로 살기를 원합니다.

사랑으로 천국을 침노하여 사랑의 영역을 넓혀 주시옵소서.

사랑이 내 마음에 임하여 하나님의 의와 십자가의 사랑을 이루게
하여 주시옵소서.

사랑으로 채우시고 사랑으로 만들어 주시옵소서.

사랑의 행실이 믿음의 증거가 되기를 원합니다.

사랑을 행하고 천국에 도성을 짓게 하여 주시옵소서.

사랑의 눈으로 말씀을 뿌려서 감사의 눈과 겸손한 눈이 되게 하여
주시옵소서.

예수님의 사랑으로 용서를 많이 하여 더욱 커지는 사랑을 이루게
하여 주시옵소서.

아낌없이 사랑하고 남김없이 사랑하기를 원합니다.

후회 없이 죽을 깨끗한 믿음의 정절을 주시옵소서.

오직 사랑만이 나를 계속 성장하게 만듭니다.

최고의 지혜는 하나님을 사랑하는 것임을 믿습니다.
최고의 상급은 하나님을 경외하는 것임을 믿습니다.
예수님이 나타나실 때까지 흠도 없고 책망 받을 것이 없게 하여
주시옵소서. 사랑을 지키며 살게 해주시옵소서.
오늘도 사랑을 심고 사랑의 열매를 거두며 살게 해주시옵소서.
주께서 내 곁에서 사랑으로 힘을 주시고 사랑으로 위로해 주실
것을 믿습니다.
십자가의 사랑을 내 마음에 새깁니다.
십자가의 사랑을 보혈의 능력으로 이루어 주시옵소서.
성령으로 사랑하여 내 마음이 온유의 밭으로 변화되게 하여
주시옵소서.
예수님의 사랑이 내 마음을 덮습니다.
예수님의 사랑이 내 생각을 덮습니다.
예수님의 사랑이 내 혼과 영과 몸을 새롭게 만드십니다.
내 마음이 쉼을 얻게 하여 주시옵소서.

내 고난이 사랑의 제물이 되기를 원합니다.
사랑하다가 내 욕심이 닳아 없어지고 사라질 때 나의 영체는
완전해지게 될 것을 믿습니다.
사랑으로 모든 두려움을 이기고 의심을 몰아내게 하여
주시옵소서.
하나님을 사랑하고 하나님의 계명을 힘써 지키기를 원합니다.

오늘도 계명을 온전히 지켜 거룩한 사랑의 무게를 만들게 하여
주시옵소서.
주의 계명들을 순금보다 더 사랑합니다.
주께 감동을 드리는 삶을 살 수 있게 하여 주시옵소서.

미움을 버리고 사랑으로 허물을 가리게 하여 주시옵소서.
허물을 덮어주는 자는 사랑을 구하는 자라고 말씀하셨습니다.
하나님을 사랑하고 악을 미워하는 경건한 사랑의 능력을
주시옵소서.
나를 힘들게 하는 자를 사랑하며 핍박하는 자를 위해
기도하겠습니다.
하나님의 의를 이루게 하여 주시옵소서.
사랑의 기회를 잡게 하여 주시옵소서.
목숨을 다하는 사랑, 마음을 다하는 사랑, 힘을 다하는 사랑을
이루어 주시옵소서.
사랑의 희생으로 주님의 성품을 이루게 하여 주시옵소서.
마음을 다하고 힘을 다하여 이웃을 사랑할 수 있게
도와주시옵소서.
나와 맞지 않는 자를 사랑하고 선대하는 힘을 주시옵소서.
사랑하고 나누어주되 아무것도 바라지 않기를 원합니다.
내 죄를 용서받은 만큼 더 많이 사랑하게 하여 주시옵소서.

하나님이 세상을 사랑하여 독생자를 주신 것처럼
나도 주님께 가장 귀한 옥합으로 보답하기를 원합니다.

세상에 있는 자기 사람들을 사랑하되 끝까지 사랑하게 하여
주시옵소서.
하나님이 나를 사랑하신 것 같이 서로 불쌍히 여기게 하여
주시옵소서.
내가 하나님의 계명을 지키고 주님의 사랑 안에 거하기를
원합니다.
나를 사랑하신 하나님의 사랑이 내 안에 있기를 원합니다.
예수님의 품에 의지하여 주님을 사랑합니다.
성령으로 사랑하게 하여 주시옵소서.
하나님의 사랑하심을 입고 은혜와 평강이 있게 하여 주시옵소서.
하나님의 사랑을 내 마음에 부어 주시옵소서.
오늘도 성령님과 동행하여 하늘의 장부를 기록하게 하여
주시옵소서.
계명을 지켜 예수님의 기쁨이 내 안에 있기를 원합니다.
이 기쁨이 충만하게 하여 주시옵소서.

사랑으로 오래참고 사랑으로 온유하게 하여 주시옵소서.
시기하지 않고 자랑하지 않기를 원합니다.
교만하지 않고 무례히 행하지 않기를 원합니다.
사랑으로 자기의 유익을 구하지 않고 살게 해주시옵소서.
사랑하는 마음으로 성내지 않고 악한 것을 생각하지 않고 살기를
원합니다.
예수님의 사랑으로 불의를 기뻐하지 않고 진리와 함께 기뻐하고
살겠습니다.

모든 것을 참고 모든 것을 믿는 사랑을 주시옵소서.
모든 것을 바라고 모든 것을 견딜 수 있는 힘을 내려 주시옵소서.

내 모든 일을 사랑으로 행하게 하여 주시옵소서.
내 자신을 위해 살지 않고 그리스도의 멍에를 메고 살게
해주시옵소서.
하나님이 인정하는 사랑의 종이 되기를 원합니다.
십자가에서 내가 죽고 예수님으로 살아가는 마음을 주시옵소서.
내 삶에 큰 환란이 오고 애통한 일이 생기면 그곳에 사랑이 있음을
기억하겠습니다.
내 고난으로 주님의 사랑을 이루어 주시옵소서.
성령 안에서 사랑을 행하여 진리의 말씀을 이루어 주시옵소서.
사랑하고 용서하는 삶이 의의 무기가 되기를 원합니다.

사랑하는 자는 무명한 자 같으나 유명한 자임을 믿습니다.
사랑하는 자는 가난한 자 같으나 많은 사람을 부요하게 만들어
줌을 믿습니다.
사랑은 고난을 두려워하지 않습니다.
희생이 오는 순간에도 저버리지 않는 사랑을 주시옵소서.
손해 보는 것도 계산하지 않는 바보 같은 사랑을 원합니다.
하나님의 뜻대로 사랑하고 살겠습니다.
예수님 안에서 사랑으로써 역사하는 믿음을 주시옵소서.
예수님의 사랑을 본받는 자가 되겠습니다.

예수님이 나를 사랑하신 것 같이 나도 사랑하고 살게
해주시옵소서.
이웃 사랑하기를 내 몸같이 사랑하겠습니다.
허물을 덮어주게 하여 주시옵소서.

사랑의 지경을 넓혀 주시옵소서.
사랑이 온전하게 될 때까지 사랑하기를 원합니다.
사랑이 완성되는 날까지 사랑하고 살게 해주시옵소서.
주님 오실 때까지 사랑하고 살겠습니다.
온전한 사랑이 있게 하여 주시옵소서.
그리스도를 변함없이 사랑하게 하여 주시옵소서.
아버지의 사랑이 내 안에 임하길 원합니다.
예수님과 하나되는 사랑을 주시옵소서.
하나님의 사랑을 이루어 주시옵소서.

예수님의 사랑이 나의 삶에 능력이 되기를 원합니다.
예수님의 사랑이 나의 삶에 기쁨이 되기를 원합니다.
예수님의 사랑이 나의 삶에 승리가 되기를 원합니다.
예수님의 사랑이 참생명과 영원한 구원이 되기를 원합니다.
사랑으로 세우고 가꾸게 하여 주시옵소서.
하나님의 말씀을 나타내고 살겠습니다.

성령님이 사랑의 불로 임하여 주시옵소서.
하나님의 사랑으로 서운한 감정이 떠나가기를 원합니다.

하나님의 사랑으로 화나는 생각이 사라지기를 원합니다.

하나님의 사랑으로 억울한 생각이 없어지기를 원합니다.

모든 고난이 사랑의 감사제가 되게 하여 주시옵소서.

하나님의 사랑이 내 마음에 항상 있기를 원합니다.

나를 떠나지 마시옵소서.

성령님의 사랑이 내 심령에서 항상 있게 하여 주시옵소서.

사랑의 온전함을 이루어 주시옵소서.

내 마음이 더욱더 주님을 바라보기를 원합니다.

내 마음이 더욱더 주님을 향하기를 원합니다.

십자가의 길은 오직 사랑하는 길임을 믿습니다.

이름도 없이 빛도 없이 걷는 겸손한 길은 주님이 가장 기뻐하시는 칭찬의 길입니다.

사랑하는 것이 사랑을 누리는 것임을 믿습니다.

사랑하는 것이 사랑을 받는 것입니다.

예수님의 발걸음을 따라가는 사랑을 주시옵소서.

예수님을 생각하고 사랑하여 행한 것을 기억해 주시옵소서.

하나님을 보지 않고도 믿음의 눈으로 섬기겠습니다.

믿음의 종으로 인정받기를 원합니다.

천국의 권세와 영광을 얻게 하여 주시옵소서.

사랑의 영예를 주시옵소서.

사랑의 존귀를 주시옵소서.

맡긴 일에 충성을 다하는 일꾼이 되기를 간구합니다.

천국에서 가장 빛나는 신부의 사랑으로 인정해주시옵소서.
주님께서 복음을 부탁하셨으니 복음의 사랑을 전하겠습니다.
사랑으로 세상의 가치관을 이기는 힘을 주시옵소서.
사랑의 법으로 살기를 원합니다.

예수님의 사랑으로 시험을 참는 자는 복이 있음을 믿습니다.
하나님을 사랑하는 자는 약속하신 나라를 유업으로 받게 될
것입니다.
순종의 요구 없이도 하나님께 나아오는 자가 되게 하여
주시옵소서.
천국에서는 사랑으로 순종한 것들만 남게 될 것임을 믿습니다.
하나님을 사랑하기 때문에 모든 일에 절제하고 죄를 버리게 하여
주시옵소서.
주님을 향한 변치 않는 사랑을 주시옵소서.
사랑으로 시련과 불시험을 이기게 하여 주시옵소서.
예수님은 사랑의 근원이시고 공급자이십니다.
사랑하는 마음으로 하루를 천년같이 인내하게 하여 주시옵소서.
말씀을 지켜 하나님의 사랑이 내 안에서 온전해지기를 원합니다.
사랑을 온전하게 이루어 심판 날에 담대함을 가지게 하여
주시옵소서.
사랑 안에 두려움이 없고 온전한 사랑이 두려움을 몰아낼
것입니다.
사랑으로 열심을 내게 하여 주시옵소서.

심령이 가난한 자의 사랑을 주시옵소서.

애통하는 자의 사랑을 주시옵소서.

온유한 자의 사랑이 되어 천국의 땅을 기업으로 받게
해주시옵소서.

의에 주리고 목마른 사랑을 주시옵소서.

긍휼히 여기는 사랑을 주시옵소서.

의를 위하여 박해를 받는 영광된 사랑을 소망합니다.

천국은 사랑하는 자의 것임을 믿습니다.

사랑으로 행하고 가르치는 자가 되어 천국에서 크다 일컬음을
받게 해주시옵소서.

사랑으로 성장하고 사랑의 무게가 쌓여 사랑의 저울을 높여
주시옵소서.

사랑하다 상처를 입으면 주님도 상처를 입고 있음을
기억하겠습니다.

초라하고 수수한 예수님의 겉옷을 벗지 않겠습니다.

사랑 안에서 가장 귀히 여기며 살기를 원합니다.

사랑하는 선행으로 죄를 다스리고 이기게 하여 주시옵소서.

사랑 안에서 행하여 언제나 승리를 얻게 해주시옵소서.

사랑은 이기는 자의 면류관이요 승리하는 문임을 믿습니다.

기도에 그리스도의 희생을 담아 사랑과 소망이 되신 예수님의
이름으로 기도합니다. (아멘)

오직 너희는 원수를 사랑하고 선대하며 아무것도 바라지 말고 꾸어 주라

그리하면 너희 상이 클 것이요 눅 6:3

전신갑주 기도

마귀의 간계를 능히 대적하기 위하여 하나님의 전신갑주를 입으라

엡 6:11

기도의 전신갑주를 입혀 주시옵소서.
성령님을 의지하고 예수님의 보혈을 의지합니다.
내가 어디로 가든지 내 하나님 여호와께서 나와 함께 하심을
믿습니다.
성령 안에서 기도하기를 원합니다.
말씀 속에서 간구하기를 소망합니다.
보혈 안으로 들어가기를 간구합니다.
성령 안으로 들어가기를 간구합니다.
하나님은 영이시니 기도하는 자가 영과 진리로 기도하게 하여
주시옵소서.

보혈의 전신갑주를 입혀 주시옵소서.
성령의 전신갑주를 입혀 주시옵소서.
말씀의 전신갑주를 입혀 주시옵소서.
사랑의 전신갑주를 입혀 주시옵소서.
믿음의 전신갑주를 입혀 주시옵소서.
감사의 전신갑주를 입혀 주시옵소서.

소망의 전신갑주를 입혀 주시옵소서.
겸손의 전신갑주를 입혀 주시옵소서.

죄를 다스리고 죄를 이길 힘을 주시옵소서.
죄를 다스리고 죄를 이길 능력을 주시옵소서.
예수님의 권세가 내 권세임을 믿습니다.
성령님의 권능이 내 권능임을 믿습니다.
믿음으로 간구합니다.
영, 혼, 육에 전신갑주를 입혀 주시옵소서.
기도의 전신갑주와 기도의 옷을 입혀 주시옵소서.
그리스도의 옷을 입혀 주시옵소서.

구원의 투구를 믿음으로 간구합니다.
의의 흉배를 공의로 받습니다.
믿음의 방패를 말씀의 승리로 받습니다.
성령의 검을 말씀으로 쥐게 하여 주시옵소서.
진리의 띠를 사랑으로 차게 하여 주시옵소서.
복음의 신발을 순종으로 신게 하여 주시옵소서.

보혈과 성령의 전신갑주를 주신 하나님께 감사드립니다.
철장권세로 나를 호위해 주시옵소서.
보혈의 능력과 성령의 권세는 가장 최고의 전신갑주입니다.
그리스도의 철장권세가 내 영의 전신갑주가 되어 모든 시험을
능히 이겨낼 수 있음을 믿습니다.

성령으로 하는 기도는 오직 하나님 앞에서 견고한 진을 파하는
강력한 무기임을 믿습니다.
기도로 날마다 무장하게 하여 주시옵소서.

마음의 전신갑주를 입혀 주시옵소서.
사람들의 이기적인 행동에 반응하지 않겠습니다.
생각의 전신갑주를 입혀 주시옵소서.
사람들의 이기적인 말에 반응하지 않겠습니다.
눈에 전신갑주를 입혀 주시옵소서.
안목의 정욕이 떠나갑니다.
귀에 전신갑주를 입혀 주시옵소서.
인정의 욕구가 떠나갑니다.
입술의 전신갑주를 입혀 주시옵소서.
생명을 살리는 복음이 됩니다.
불이 임하는 입술의 권세를 주시옵소서.
손에 전신갑주를 주셔서 섬기는 손이 되게 하여 주시옵소서.
발에 전신갑주를 주셔서 복음의 능력이 나타나게 하여
주시옵소서.
하나님의 손과 발이 되어 살겠습니다.

하나님의 임재가 현실이 되게 하여 주시옵소서.
성령의 불을 의지하여 간구합니다.
예수님의 보혈을 믿고 기도합니다.
보혈의 힘, 보혈의 권세, 보혈의 권능이 임하게 하여 주시옵소서.

성령의 힘, 성령의 권세, 성령의 권능이 임하게 하여 주시옵소서.
하나님의 자녀는 모든 것을 기도로 정복할 수 있음을 믿습니다.
기도의 힘을 주시옵소서.

말씀이 내 생각과 마음을 지켜주는 전신갑주임을 믿습니다.
주의 말씀을 지키는 것이 내 영혼에 빛의 갑주임을 믿습니다.
주의 말씀을 순종하는 것이 내 영혼의 전신갑주가 될 것입니다.
마귀의 계략을 뚫어버리는 기도의 영권을 주시옵소서.
예수님의 이름으로 마귀를 종 부리듯 하게 하여 주시옵소서.
쩔쩔매는 마귀가 죄의 보따리를 싸고 떠나가기를 원합니다.
마귀는 죄로 먹을 것이 없으니 내 안에서 더 이상 버틸 수가 없을
것입니다.
마귀를 때려잡은 예수님의 손이 권능의 손임을 믿습니다.
상황과 환경에서 오는 마귀를 이기게 하여 주시옵소서.
감정을 움켜진 마귀를 때려잡을 수 있는 권세를 주시옵소서.

내가 기도하여 기도의 양식을 먹게 되면 마귀는 죄에 굶주리게 될
것입니다.
배고파서 못 견딘 마귀가 울며 떠나게 하여 주시옵소서.
죄의 옷을 입고 있는 마귀를 불 못에 던져 주시옵소서.
그리스도의 옷을 입은 저는 영원한 영광이 있게 하여 주시옵소서.

십자가의 옷을 입혀 주시옵소서.
용서의 옷을 입혀 주시옵소서.

관용의 옷을 입혀 주시옵소서.

이해의 옷을 입혀 주시옵소서.

배려의 옷을 입혀 주시옵소서.

섬김의 옷을 입혀 주시옵소서.

사랑의 옷을 입혀 주시옵소서.

기쁨의 옷을 입혀 주시옵소서.

화평의 옷을 입혀 주시옵소서.

절제의 옷을 입혀 주시옵소서.

충성의 옷을 입혀 주시옵소서.

모든 어두움을 몰아내는 빛의 갑옷을 입혀 주시옵소서.

영혼의 갑옷을 입혀 주시옵소서.

상급의 세마포를 입혀 주시옵소서.

거룩한 면류관을 씌워 주시옵소서.

사랑의 면류관을 씌워 주시옵소서.

예수님과 하나가 되게 하여 주시옵소서.

성령님과 하나가 되게 하여 주시옵소서.

말씀과 하나가 되게 하여 주시옵소서.

거룩은 깨끗한 전신갑주입니다.

더욱 거룩하게 하여 주시옵소서.

기도는 승리의 전신갑주입니다.

더욱 기도하게 도와주시옵소서.

믿음은 생명의 전신갑주입니다.

큰 믿음을 주시옵소서.

감사는 능력의 전신갑주입니다.
큰 감사를 주시옵소서.
사랑은 권능의 전신갑주입니다.
큰 사랑을 주시옵소서.
순종하는 것은 온전한 전신갑주가 됩니다.
오직 순종하는 마음을 주시옵소서.

예수님이 나의 전신갑주가 되어 주시옵소서.
십자가의 승리를 주시옵소서.
성령님이 나의 전신갑주가 되어 주시옵소서.
성령의 불을 내려 주시옵소서.
말씀이 나의 전신갑주가 되어 주시옵소서.
말씀으로 승리하기를 원합니다.
말씀이 삶이 되게 하여 주시옵소서.
세상을 이기는 믿음을 간구합니다.
믿음이 실상이 되게 하여 주시옵소서.

성령을 부어 주시옵소서.
하나님의 영으로 채워 주시옵소서.
기도하는 힘을 주시옵소서.
기도의 은혜를 주시옵소서.
기도의 상급을 믿음으로 취합니다.
기도의 동산을 믿음으로 만듭니다.
기도의 면류관을 씌워 주시옵소서.

그리스도의 피와 살을 먹고 성령의 생명수를 마시는 것이 가장
강력한 갑옷입니다.
항상 주를 경외하는 마음으로 갑옷을 삼겠습니다.
어둠의 일을 벗어 버리고 빛의 갑옷을 입고 살겠습니다.
주님이 육체의 고난을 받으셨으니 나도 같은 마음으로 고난의
갑옷을 삼겠습니다.
복되고 복되도다 그리스도의 갑옷을 입은 내 영은 하늘의 복을
입은 자로다.

죽도록 충성하여 생명의 면류관 받기를 간구합니다.
믿음의 선한 싸움을 싸워 의의 면류관을 쓰게 하여 주시옵소서.
전심으로 복음을 전하여 자랑의 면류관을 얻게 하여 주시옵소서.
내 몸의 정욕을 성령으로 제거해 주시옵소서.
성령으로 살아서 썩지 않을 면류관을 받게 해주시옵소서.
하나님의 고난에 참여하여 왕권을 받는 금 면류관 받기를
원합니다.
나를 구원하기 위해 가시 면류관을 쓰시고 피 흘려주신 예수님의
이름으로 간절히 기도합니다. (아멘)

그러므로 하나님의 전신갑주를 취하라 이는 악한 날에 너희가 능히

대적하고 모든 일을 행한 후에 서기 위함이라 엡 6:13

자기부인의 기도

날마다 자기를 부인하라 눅 9:2

그리스도 안에서 나는 날마다 죽노라 고전 15:31

나의 옛 사람은 예수님과 함께 십자가에 못 박혔습니다.
이제는 내가 사는 것이 아니요 오직 내 안에 그리스도께서 사시는
것입니다.
나를 사랑하여 나를 위하여 자기 몸을 버리신 하나님의 아들을
믿는 믿음 안에서 사는 것입니다.
십자가에 죄의 몸이 죽어 다시는 죄에게 종노릇하지 않게 하여
주시옵소서.
십자가를 바라보며 더 좋은 부활을 소망합니다.
고난의 십자가는 더 좋은 부활을 얻기 위해 예비된 영광이 될
것입니다.
오늘도 복음의 신발을 신고 십자가에 못 박히신 그리스도를
전합니다.
이제부터는 예수님이 십자가에 못 박히신 것 외에는 아무것도
알지 아니하기로 작정하며 살게 해주시옵소서.

그리스도 예수님의 사람은 육체와 함께 그 정욕과 탐심을
십자가에 못 박았습니다.

예수님의 십자가 외에 결코 자랑할 것이 없게 하여 주시옵소서.
보좌에서 오는 생명수가 내 심령에 흐르게 하여 주시옵소서.
보좌 가운데에 계신 주님이 나의 목자 되시니 생명수 샘으로
인도해 주시옵소서.
십자가 위에서 내 겉사람과 속사람이 날마다 죽게 하여
주시옵소서.
나를 내려놓고 주님 붙잡고 살기를 원합니다.
내 생각과 경험을 내어 드리기를 원합니다.
나는 없고 오직 주님만 드러나는 삶을 살게 하여 주시옵소서.
성령 안에서 내가 죽고 계속 사라지고 없어지게 하여 주시옵소서.
내 자아가 살아나지 않도록 은혜를 내려 주시옵소서.
이렇게 살면 주님 오실 날에 내 생각과 마음과 몸이 완전해질
것임을 믿습니다.
단순한 행위가 아닌 진실한 믿음과 주님을 사랑하는 마음이
마음에 동기가 되어 살게 해주시옵소서.

세상적 가치관을 버리고 그리스도의 마음을 품고 살게
해주시옵소서.
하나님의 징계를 고난으로 받아 순종함을 배우게 하여
주시옵소서.
거룩하고 흠없는 완전함에 서기를 원합니다.
하늘에 있는 좋은 것으로 채워 주시옵소서.
예수님을 통해 내 영혼이 완전한 하나님의 소유가 되게 하여
주시옵소서.

내 기쁨보다 주님의 기쁨이 더 중요합니다.
내 이익보다 주님이 주신 복음의 유익으로 살게 해주시옵소서.
복음에 담긴 예수님의 능력을 밝히 비추고 살기를 원합니다.
영광과 존귀를 지켜내는 삶을 살게 해주시옵소서.

나의 가장 약한 것이 주님이 최고로 기뻐하시는 겸손과 낮아짐이
되게 하여 주시옵소서.
나의 약점이 주님의 강점이 되기를 원합니다.
그리하여 내가 드러나지 않고 하나님의 공의만 더욱 드러나게
하여 주시옵소서.
그의 나라와 의를 이루는 기도를 원합니다.
하나님이 받으시고 응답하시는 기도가 되게 하여 주시옵소서.
예수 그리스도의 말씀이 능력이 되기를 원합니다.
성령의 운행이 내 기도에 실제가 되어 날마다 나를 부인하고 살게
해주옵소서.
기도하는 것마다 천국집을 짓는 재료가 되게 하시고 하늘의
은혜를 기도 응답 가운데 알게 해주시옵소서.

나의 거짓된 자아가 없어지기를 원합니다.
나의 죄된 자아가 사라지기를 원합니다.
내가 아닌 주님으로 살게 해주시옵소서.
내 거짓된 자아가 십자가에서 죽기를 간구합니다.
나는 없어지고 주님으로만 채워지기를 원합니다.
나는 없고 오직 주님의 무익한 종이 되기를 소망합니다.

하나님 아버지께 영광과 진리로 참되게 예배하는 자가 되게 하여
주시옵소서.
내 뜻대로가 아닌 주님 뜻대로 기도하기를 원합니다.
내 심령이 완전히 가난해져서 깨끗하게 비워지기를 원합니다.
나 중심에서 하나님 중심으로 온전히 바꾸어 주시옵소서.
자기부인을 넘어서서 자기 없음의 상태가 되기를 간절히
원합니다.
그리하여 어떤 상황에서도 죄에 반응하지 않게 해주시옵소서.
상황과 환경에 반응하지 않기를 원합니다.
사람들의 말과 행동에 반응하지 않기를 간구합니다.
내가 가지고 있는 과거의 상처와 쓴뿌리에 반응하지 않기를
원합니다,

내가 나 된 것은 다 주님의 은혜로 고백하며 살게 하여 주시옵소서.
내가 비워진 그 자리에 성령으로 가득차기를 원합니다.
성령께서 생수의 강이 되어 내 주변에 흘러넘치게 하여 주옵소서.
기쁨과 성령이 충만해지기를 원합니다.
자기없음의 거룩한 온전체가 되기를 원합니다.
내 죄악된 본성을 송두리째 뽑아 버리게 하여 주시옵소서.
성령과 믿음이 충만한 사람이 되기를 기도합니다.
겸손과 지혜가 충만한 사람이 되기를 기도합니다.
성령이 충만하여 담대히 복음을 전하게 하여 주옵소서.

나는 없고 성령에 의해 온전히 살아지는 삶이 되게 하여 주옵소서.

그리스도와 마음이 하나된 신부가 되어 자기 보석의 옷을 입고
살기를 간구합니다.
순교자의 삶이 그리스도의 모습이 되어 지상 최고의 목표가 되게
하여 주시옵소서.
고난을 받아들이는 순교자의 믿음을 주시옵소서.
큰 영적 기쁨과 감사를 가지고 살게 하여 주옵시고 강력한 성령의
임재를 느끼길 원합니다.
감사와 참만족을 누려서 세상의 욕심과 정욕이 떠나가게 하여
주시옵소서.
영의 것을 추구하는 그리스도의 중독자로 살기를 원합니다.
천국을 침노하는 예수중독자로 살게 해주시옵소서.

평안과 평강이 차고 넘치게 해주시고 영으로 예배하는 삶을
살기를 원합니다.
고난을 통해 영적인 힘을 더욱 크게 갖기를 원합니다.
눈물이 강물이 되어도 고난의 길을 성령의 힘으로 걷게 하여
주시옵소서.
하나님이 가장 사랑하는 자가 되어 소외되고 낮아진 삶을 살게
해주시옵소서
나를 절망하게 만드는 환경을 하나님께 감사하는 마음으로 바꿔
주시옵소서.
내 삶에 있는 좁은 길을 성령의 능력으로 걷게 하여 주시옵소서.

영적인 침노가 하나님 앞에 칭찬이 되기를 원합니다.

영의 기도가 쌓여서 더 좋은 부활을 얻게 하여 주시옵소서.
하나님께 칭찬받으며 하늘의 영광을 얻게 될 존귀한 자로 살기를
원합니다.
한마디 말에도 그리스도의 사랑을 담아 말하며 살기를 원합니다.
내가 하는 말이 위로와 소망의 장식이 되게 하여 주시옵소서.
말씀을 지켜낼수록 더욱 기쁨이 충만해지게 하여 주시옵소서.
땅의 것을 하늘의 것으로 바꿔 살아가는 존귀한 삶을 살게
해주시옵소서.

성령충만하여 손해 보는 것도 기뻐하고 즐거워지는 감격을
주시옵소서.
나를 내려놓고 내어 드리는 기쁨을 원합니다.
나를 내어 드리는 더 큰 기쁨과 감격을 간구합니다.
내가 쥐고 있던 모든 자기의, 자기 사랑을 주님께 내어 드립니다.
죄된 자기의가 빠진 그 자리를 하나님의 영광으로 채워
주시옵소서.
그리스도의 옷을 입고 예수님의 뜻과 예수님의 마음과 예수님의
계획이 나의 삶에 하나가 되어 그리스도의 뜻을 이루게 하여
주시옵소서.

주님이 주신 자기 십자가를 지고 주님이 인도하시는 대로
따르겠습니다.
날마다 천국을 소망하는 삶이 날마다 자아가 죽어 없어지는
거룩을 이루어 주시옵소서.

주님이 나를 위해 피 흘리셨으니 나도 주님을 위해 피흘리는
사랑과 희생의 삶을 살게 해주시옵소서.
믿음의 주요 온전케 하시는 예수님의 십자가를 깊이
생각하겠습니다.
내 모든 경험과 지식과 자산이 완전히 무너지고 오직 하나님만
의지하고 살게 해주시옵소서.
나의 왕이신 주님께 항복합니다. 굴복합니다. 복종합니다.
내 고집과 교만을 꺾어 주시옵소서.
나 자신이 주인된 삶을 버리고 하나님이 주인된 삶을 살게
해주시옵소서.
세상의 법에 굴복하여 하나님의 법을 저버리지 않기를 원합니다.
믿음의 법, 성령의 법, 그리스도의 법, 사랑과 희생의 법으로 살게
해주시옵소서.

"죽으면 죽으리이다" 고백한 에스더의 믿음이 나의 신앙이 되게
하여 주시옵소서.
말씀을 지키고 살다가 죽게 되면 더 기뻐하는 믿음을 가지고 살게
해주시옵소서.
어리석은 교만으로 있는 줄로 아는 것까지 빼앗기지 않기를
원합니다.
죽음의 고난을 받으시고 영광과 존귀로 관을 쓰신 예수님을
바라봅니다.
예수님의 생명이 내 죽을 육체에 나타나게 하여 주시옵소서.

고난의 잔 앞에 있는 예수님의 심한 통곡과 눈물의 간구를
기억하고 살겠습니다.
주 예수님을 다시 살리신 성령이 예수님과 함께 나도 다시 살리실
줄 믿습니다.
예수님의 죽으심을 본받아 부활의 권능과 그 고난에 참여하게
하여 주시옵소서.
예수님의 죽으심과 같은 모양으로 연합한 자가 되게 하여
주시옵소서.
예수님 안에는 죽은 자의 부활이 있음을 믿습니다.

한 알의 밀이 땅에 떨어져 죽으면 많은 열매를 맺게 된다고
말씀하셨습니다.
십자가에서 죽어서 내 욕심과 경험이 죽은 모습으로 살게
해주시옵소서.
죽도록 충성하여 생명의 면류관을 받기를 원합니다.
의를 위하여 박해받는 것을 복으로 여기는 기쁨을 주시옵소서.
그리스도와 함께 십자가에 못 박힌 성도답게 살게 하여
주시옵소서.
위의 것을 생각하며 저 높은 곳을 향하여 날마다 나아갑니다.
그리스도인으로 고난을 받아 하나님께 영광을 돌리며 살겠습니다.
무엇이든지 나의 원대로 마옵시고 아버지의 원대로 하여
주시옵소서.
살아도 주를 위하여 살고 죽어도 주를 위하여 죽게 하여
주시옵소서.

하나님의 모든 즐거움이 존귀한 성도에게 있음을 기억하겠습니다.
하나님께 참되게 기도하는 자들은 영과 진리로 기도하는
자입니다.
하나님께서는 이렇게 기도하는 자들을 찾고 있음을 믿습니다.
기도로 하나님의 뜻을 행하고 하나님의 일을 온전히 이루게 하여
주시옵소서.
고난으로 나를 온전하고 굳건하게 하시며 강하게 하여
주시옵소서.
고난 당하는 것이 내게 유익이 되어 더 큰 믿음을 갖게
해주시옵소서.
고난에 참여하는 것으로 즐거워하기를 원합니다.
선을 행함으로 고난 받는 것이 하나님의 뜻임을 믿습니다.
그리스도의 고난을 생각하며 같은 마음으로 갑옷을 삼겠습니다.
욕을 당하되 맞대어 욕하지 않고, 고난을 당하여도 위협하지 않게
하여 주시옵소서.

"실망 좀 하면 어때요, 감사하면 되지." 이 마음으로 살게
해주시옵소서.
선을 행함으로 고난을 받고 참으면 하나님 앞에 아름다운 것임을
믿습니다.
고난은 하나님 보시기에 아름다운 것입니다.
부당하게 고난을 받아도 하나님을 생각하여 슬픔을 참으면 이는
아름다운 것이 될 것입니다.

고난 당하는 동안 기도하는 힘을 주셔서 더욱 힘써 기도하게 하여
주시옵소서.
거룩한 나라요, 왕같은 제사장 삼아 주신 하나님께 감사드립니다.
잠시 죄악의 낙을 누리는 것보다 고난 받기를 더 좋아하게 하여
주시옵소서.
예수님처럼 고난으로 순종하는 것을 배우게 하여 주시옵소서.
영원한 영광에 이르도록 고난을 통하여 온전해지기를 원합니다.
주님의 나라에 합당한 자로 여김을 받게 해주시옵소서.
그 나라를 위해 고난을 즐거워하는 심령이 되기를 원합니다.
현재의 고난은 장차 나에게 나타날 영광과 족히 비교할 수 없음을
믿습니다.
하나님이 자기를 사랑하는 자들을 위하여 예비하신 것을 기억하고
살겠습니다.

여호와를 경외하고 그 이름을 존중히 여기는 삶을 살게
해주시옵소서.
여호와 앞에 있는 기념책에 기록되는 영광을 믿음으로 취합니다.
지극히 높으신 하나님의 제사장의 축복을 주시옵소서.
내 몸과 영이 지극히 거룩한 제단이 되게 해주시옵소서.
내 주변에 있는 모든 사람은 연단의 도구요, 거룩의 도구요, 빛나는
축복임을 믿습니다.
지극히 높으신 이의 성도들이 나라를 얻어 그 누림이 영원하고
영원하고 영원함을 믿습니다.
보좌로부터 내려오는 영적 누림을 주시옵소서.

성령님이 소멸되지 않는 영원한 권세를 주시옵소서.

소망의 하나님이 모든 기쁨과 평강을 믿음 안에서 충만하게 하여
주시옵소서.

성령의 능력으로 소망이 넘치기를 간구합니다.

하나님이 나를 위하여 더 좋은 것을 예비해 주시니 감사합니다.

나로 온전함을 이루어 살아 있는 영적 예배를 드리게 하여
주시옵소서.

말씀의 갑옷을 입고 믿음의 방패와 성령의 검으로 승리하게 하여
주시옵소서.

경건의 연단으로 날마다 죽어 하나님 보시기에 귀한 자로 살게
해주시옵소서.

몸과 마음을 다하는 착하고 충성된 자가 되기를 원합니다.

성령이 하나님의 뜻대로 나를 위해 간구하시니 감사합니다.

하나님이 기도에 기름을 부어주시고 돕는 힘을 더하여
주시옵소서.

성령의 불자국을 남겨 주시옵소서.

고난의 불자국을 남겨 주시옵소서.

십자가의 불자국을 남겨 주시옵소서.

거룩한 불자국을 남겨 주시옵소서.

낮아지고 낮아지는 겸손의 흔적을 간구합니다.

하나님의 거룩한 불의 흔적을 내 심령에 새겨 주시옵소서.

하나님의 신실한 사랑의 흔적을 내 마음에 남겨 주시옵소서.

예수님의 거룩한 희생을 사랑하고 용서하는 삶으로 갚아
드리겠습니다.
고난을 감사로 바꿔 예배로 드리는 고귀한 영혼이 되기를
원합니다.

하나님~ 나에게 정결한 마음을 주시옵소서.
정결한 영을 내려 주시옵소서.
하나님~ 나에게 순결한 마음을 주시옵소서.
순결한 영을 허락하여 주시옵소서.
하나님~ 나에게 온유한 마음을 주시옵소서.
온유한 영을 허락해 주시옵소서.
하나님~ 나에게 정절의 마음을 주시옵소서.
정절의 영을 허락해 주시옵소서.
하나님 앞에서 올곧은 믿음으로 모든 것을 할 수 있게
도와주시옵소서.

주께서 내 기도와 간구를 들으셨은즉 나를 세상과 구별하여
하나님의 눈길과 하나님의 마음이 항상 있게 하여 주시옵소서.
하늘에 있는 모든 좋은 것을 입혀주시고 내 영혼을 푸른 초장으로
인도해 주실 예수님의 이름으로 간절히 기도합니다.
아멘. 아멘. 아멘.

손에 쟁기를 잡고 뒤를 돌아보는 자는 하나님의 나라에 합당하지

아니하니라 눅 9:62

십자가를 지는 기도

십자가를 질 수 있나 주가 물어보실 때 죽기까지 따르오리
성도가 대답하였다 찬송가 461

주님이 주신 십자가를 지고 주님 뒤를 따르는 자가 되기를
원합니다.
세상을 구원할 십자가의 멍에를 메고 주와 함께 동행하게 하여
주시옵소서.
생명을 버리면서까지 나를 사랑하신 주님을 사랑하고 또
사랑합니다.
나를 받아 주시옵소서.
다른 사람의 짐을 져서 그리스도의 법을 성취하며 살게 하여
주시옵소서.

그러기 위해서는 십자가의 옷을 주님이 입혀 주셔야만 합니다.
그리스도의 희생과 십자가의 옷을 입혀 주시옵소서.
하나님의 사랑을 입어 다른 사람을 사랑하게 하여 주시옵소서.
하나님의 긍휼을 입어 다른 사람을 긍휼히 보게 해주시옵소서.
하나님 앞에 감사를 입어 늘 감사하며 살게 해주시옵소서.
하나님 앞에 겸손을 입어 늘 낮추며 살게 해주시옵소서.
하나님을 사랑하는 마음으로 살기를 원합니다.

오직 처음 사랑 잃지 않고 처음 믿음 잃지 않기를 간구합니다.
처음 소망 잃지 않고 처음 감격 그대로 살게 해주시옵소서.
하나님을 오직 처음 마음처럼 사랑하고 따르기를 원합니다.

하나님이 사랑이신 것처럼 저도 사랑이 되게 하여 주시옵소서.
하나님이 거룩하신 것처럼 저도 거룩하게 만들어 주시옵소서.
하나님이 참되신 것처럼 저도 참되기를 원합니다.
하나님이 온전하신 것처럼 저도 온전하기를 원합니다.
온전한 열매를 맺고 순전한 예배를 드리게 하여 주시옵소서.
하나님이 겸손하신 것처럼 저도 겸손하기를 간구합니다.

이 시간 성령의 불이 내 마음을 밝혀 주시옵소서.
성령의 불이 내 미래의 길을 밝혀 주시옵소서.
오늘도 생명의 근원이 되는 내 마음을 지키고 살겠습니다.
오늘도 빛나고 깨끗한 세마포 옷 입고 성도의 옳은 행실을
실천하며 살게 해주시옵소서.
입술의 옳은 행실, 생각의 옳은 행실이 삶의 예배로 나타나기를
원합니다.
마음의 옳은 행실, 양심의 옳은 행실, 몸의 옳은 행실로 하나님께
인정받기를 원합니다.
내 생명의 날을 깊이 생각하여 세월을 아껴 준비하게 하여
주시옵소서.
지극히 높으신 이의 성도가 되어 성도의 삶을 살아내게
도와주시옵소서.

나를 깨끗하게 하여 더욱 거룩하고 주인의 쓰심에 합당한 자가
되길 원합니다.
청년의 정욕을 피하고 깨끗한 마음으로 의와 믿음과 사랑과
화평을 따르게 하여 주시옵소서.
어리석고 무식한 변론을 버려서 다툼이 생기지 않도록
주의하겠습니다.
주의 이름을 부르는 자로, 합당한 자로, 모든 불의에서
떠나겠습니다.

이 땅에서는 천하게 쓰임 받더라도 천국에서는 귀하게 쓰임 받는
자가 되게 하여 주시옵소서.
오늘도 주와 함께 죽을 때마다 장차 주와 함께 살 것을
생각하겠습니다.
주와 함께 참으면 또한 주와 함께 왕노릇 할 것임을 믿습니다.
주가 주시는 힘으로 선하게 인내하여 천국의 제사장이 되게 하여
주시옵소서.
나는 택하신 족속이요, 왕 같은 제사장이요, 그의 소유된 백성임을
기억하겠습니다.
내가 가진 것이 죄악에 빠지는 도구가 되지 않게 해주시옵소서.
내가 잘하는 것이 죄악의 낙을 누리는 통로가 되지 않기를
간구합니다.

오늘도 의의 말씀을 넘치게 받아 예수님을 통하여 생명 안에서
왕노릇 하게 하여 주시옵소서.

첫째 부활에 참여하는 자가 되어 그리스도의 제사장으로 살게
해주시옵소서.
예수님의 이름으로 나는 버릴 권세도 있고 다시 얻을 권세도
있음을 믿습니다.
아버지께서 그 나라를 나에게 주시기를 기뻐하시니 감사합니다.
아버지께서 구하는 자에게 성령을 주신다고 말씀하신 것을 이루어
주시옵소서.
나는 여호와의 입으로 정하실 새 이름으로 불러 주실 것을 믿게
하시니 감사합니다.
나는 여호와의 손의 아름다운 관이요, 하나님의 손에 왕관이 되게
해주시니 감사합니다.

항상 기도하여 주야로 잠잠하지 않게 하여 주시옵소서.
기도의 제단이 차오르기까지 그로 쉬지 못하시게 하는 절박한
간구를 원합니다.
기도의 불을 내려주시고 능력을 더하여 주시옵소서.
날마다 무슨 일을 하든지 마음을 다하여 주께 하듯 하고 사람에게
하듯 하지 않겠습니다.
말과 행동을 믿음과 연결하여 기도하는 것마다 받은 줄로
믿겠습니다.
그대로 이루어 주시옵소서.

성령의 감동을 받아 마음 먹은대로 믿고 기도하겠습니다.
하나님의 의로 여겨주시고 하나님의 칭찬으로 갚아 주시옵소서.

무엇이든지 구하는 바를 들으시는 줄 믿사오니 얻은 줄로
믿겠습니다.

아버지께 복을 받아 예비된 나라를 상속받게 하여 주시옵소서.
갇힌 자를 동정하고 내 소유를 빼앗기는 것도 기쁘게 당한 것은 더
낫고 영구한 소유가 있는 줄 알기 때문입니다.
행한 대로 갚아주는 나라, 심은 대로 거두는 나라를 향하여
전진합니다.
나의 자유가 믿음이 약한 자들에게 걸려 넘어지지 않도록
조심하겠습니다.
오늘도 하나님의 마음을 알고 주님의 손과 발이 되어 살겠습니다.
주님께 먼저 드려서 갚으심을 받게 하여 주시옵소서.
내 모든 희생의 소제를 기억하시고 번제를 받아 주시니
감사합니다.
주님이 주신 승리로 보혈의 깃발을 내 심중에 세우리니 내 모든
기도를 이루어 주시옵소서.
내가 기도하였더니 내가 구하여 기도한 바를 여호와께서 내게
허락해 주실 것을 믿습니다.
예수님이 나를 위하여 흘리신 언약의 피를 마음으로 믿습니다.
보혈과 성령 안에서 기도하여 모든 기도와 간구를 올려 드립니다.
그리스도 예수님의 일꾼이 되어 복음의 제사장 직분을 이루어
주시옵소서.
모든 것이 성령 안에서 거룩하게 되어 하나님이 받으시는 영적
예배가 되게 하여 주시옵소서.

성령으로 이기는 자가 되어 나라를 상속받게 하여 주시옵소서.

모든 의심과 두려움을 버리고 크신 하나님을 입으로 시인하고
살아가겠습니다.

하나님이 일하실 것을 믿고 행하겠습니다.

성령으로 말하고 성령으로 행하여 결과적 승리를 거두게 하여
주시옵소서.

어리석은 말로 얽히고 붙잡히지 않게 하여 주시옵소서.

남을 판단하고 정죄하면 하나님의 심판을 피할 수 없습니다.

지금 고난받고 죽으면 장차 큰 영광이 될 것입니다.

지금 잠시 어려움을 받게 되면 죽어서는 영원한 영광이 될
것입니다.

나의 등 뒤에서 나를 도우시는 예수님을 생각하고 살겠습니다.

주님이 주시는 새 힘을 받아 그리스도의 푯대를 향하게 하여
주시옵소서.

원수의 모든 능력을 제압할 권능을 더 크게 부어 주시옵소서.

하나님이 내 앞에 먼저 가시며 나와 함께 계심을 믿습니다.

무슨 일을 하든지 하나님을 사랑하기 위하여 시작하겠습니다.

비천해 보이는 일과 작은 일도 하나님을 사랑하기 위해서
하겠습니다.

말하려면 하나님이 말씀하시는 것같이 말하게 하여 주시옵소서.

봉사하려면 하나님이 공급하시는 힘으로 하는 것같이 섬기게 하여
주시옵소서.

나의 헌신이 마귀에게 틈을 주는 통로가 되지 않기를 원합니다.
주린 자와 괴로워하는 자의 마음을 만족케하여 빛을 발하게 하여
주시옵소서.
내가 하나님을 의지하였은즉 혈육을 가진 사람을 두려워하지
않겠습니다.
그리스도의 남은 고난을 내 육체에 채워 거룩과 경건을 이루게
하여 주시옵소서.
근심이 기쁨이 되고 불평이 감사가 되며 절망이 희망이 되게 하여
주시옵소서.
참고 선을 행하여 영광과 존귀와 썩지 아니함을 간구합니다.
내가 먼저 성령의 변화를 받아 새롭게 하여 주시옵소서.

사방이 막히고 길이 없으면 주님이 나의 길이 되어 주시옵소서.
성령의 인도하심만을 따라 행동하기를 원합니다.
여호와로 기억하시게 하는 자가 되어 기념책에 기록되는 삶을
살게 해주시옵소서.
나는 하나님의 자녀요, 그리스도와 함께한 상속자임을 믿습니다.
내가 주님과 함께 영광을 받기 위하여 고난도 함께 받아야 할
것입니다.
하나님의 신실한 파수꾼이 되게 하여 주시옵소서.
하나님을 쉬지 못하시게 온 밤을 새워 기도하는 은혜도 내려
주시옵소서.
나를 위해 낮아지고 낮아지셨던 예수님의 사랑을 기억하고
살겠습니다.

주님이 주신 겸손의 멍에를 배우게 하여 주시옵소서.
정직하게 행하고 공의를 실천하며 마음에 진실을 말하게 하여
주시옵소서.
내 소유를 팔아 구제하여 낡아지지 않는 배낭을 만들게 하여
주시옵소서.
하늘에 둔 바 다함이 없는 보물을 쌓는 하루가 되기를 원합니다.
형제가 죄를 범하면 일흔 번까지도 용서하게 하여 주시옵소서.
성령을 따르는 자가 되어 성령의 일을 생각할 수 있게
도와주시옵소서.

모든 일에 하나님을 사랑하는 마음으로 행하는 자가 되기를
원합니다.
모든 것들의 목적이 오직 사랑이 되어 하나님과 연합되기를
간구합니다.
무슨 일을 하든지 하나님을 위해 하게 하여 주시옵소서.
하나님을 위해 사는 것으로 만족하기를 원합니다.
내 쓴뿌리로 마음속의 죄를 더 키우지 않게 해주시옵소서.
어떤 선행을 실천할 때마다 하나님께 기도로 아뢰게 하여
주시옵소서.
또한 실패했을 때에도 솔직하게 고백하여 주님과 동행하겠습니다.
주님만이 나의 넘어짐을 잡아주시고 허물을 덮어주시는
분이십니다.
내가 고통받고 있음은 오직 하나님을 사랑하기 때문임을 알게
하여 주시옵소서.

지금도 하나님을 사랑하기 때문에 살아가고 있음을 고백합니다.
하나님을 사랑하는 마음으로 고난에 참여하기를 간구합니다.
무슨 일이 생겨도 감사의 기도로 감사제를 드리게 하여
주시옵소서.
모든 것이 덧없이 지나가는 이 세상과 벗이 되지 않기를 원합니다.
세상과 벗이 되고자 하는 자는 스스로 하나님과 원수 되는 것임을
기억하고 살겠습니다.
겸손함으로 하나님의 임재 안에 있게 하여 주시옵소서.
겸손과 인내로 위기를 극복하고 고난을 받아도 기뻐하게 하여
주시옵소서.

일시적 감정이 아닌 예수님으로 살고 예수님으로 죽는 온전한
삶을 살게 해주시옵소서.
십자가의 겸손이 이 세상의 모든 누림보다 더 아름답게 보이게
하여 주시옵소서.
죄를 행하는 것은 하나님이 정하신 사형에 자원하는 것임을
기억하고 살겠습니다.
불안한 상황 속에서도 믿음 안에서 인내와 평정심을 잃지 않게
해주시옵소서.
고난의 십자가는 하나님이 주신 유일한 자산임을 명심하고
살겠습니다.

고난의 잔을 믿음으로 마시고 다가오는 십자가를 기쁘게 지게
하여 주시옵소서.

주 안에서의 평안과 즐거움보다 주 안에서의 고난받기를 기뻐하게
하여 주시옵소서.
날마다 죽어 나는 없고 오직 십자가의 사랑만 남게 하여
주시옵소서.

하늘에 속한 자의 형상을 입고 온유와 겸손의 끈을 매고 살기를
원합니다.
흙으로 돌아가기 전에 하나님을 기억하게 하시니 감사합니다.
모든 인연을 내려놓고 예수님의 부르심에 집중하고 살게
해주시옵소서.
내가 교회의 밀알이 되고 우리 가정에 밀알이 되는 부활의 죽음이
되게 해주시옵소서.

세상의 삶 안에서 하나님의 고통에 참여하는 것이 그리스도인의
삶임을 믿습니다.
내 삶의 마지막 한순간을 드리는 것보다 삶 전체를 드리는 믿음을
주시옵소서.
예수님이 나를 위해 죽으셨으니 이제 나도 예수님을 위해 죽게
해주시옵소서.
주님이 나를 오라고 부르실 그 날까지 충성하게 하여 주시옵소서.
내가 죽기까지 복음을 다함으로 주님 오실 날을 예비하게 하여
주시옵소서.
죽음 이후 내 육신은 흙으로 돌아가지만 내 영혼은 하나님의
우편에서 누리게 될 영원한 영광을 바라봅니다.

자기 자신을 붙들지 않고 그리스도의 제자 된 삶을 살게
해주시옵소서.

내가 살아도 주를 위하여 살고 죽어도 주를 위하여 죽습니다.
그러므로 사나 죽으나 나는 주의 것입니다.
누가 나를 그리스도의 사랑에서 끊으리요.
환난이나 곤고나 박해나 기근이나 성공이나 세상의
욕심이겠습니까.
다시 생각해 보건대 현재의 고난은 장차 나에게 나타날 영광과는
족히 비교할 수 없음을 알게 해주시니 감사합니다.
자기 목숨을 얻는 자는 잃을 것이요, 주를 위하여 잃는 자는
얻으리라고 말씀하셨습니다.
주를 믿고 항상 죽는 자가 영원히 살게 되는 부활체가 될 것입니다.
성령으로 인내하여 주님이 주시는 왕의 권세를 받게 하여
주시옵소서.
지극히 작은 것에 충성하여 열 고을 권세를 차지하게 하여
주시옵소서.

그리스도의 용서와 사랑을 따르게 하여 주시옵소서.
약속을 받았어도 시험을 참고 믿음으로 통과한 자가 천국에
들어갈 것입니다.
내 고난을 주께서 판단하사 주의 공의로 갚아 주시옵소서.
고난의 이유를 몰라도 고난 속에서 주님의 흔적을 찾기를
원합니다.

예수님이 고난을 당하셨으니 나도 주님따라 고난당함이 마땅한
것임을 인정합니다.
고난이 찾아와도 무너지지 않는 믿음을 내려 주시옵소서.
말씀의 순종으로 고난의 자격을 얻어 하늘의 영광이 되게 하여
주시옵소서.
고난을 통과하여도 또 다른 고난을 주셔서 더욱 겸손하게
하나님만을 의지하며 살게 해주시옵소서.
주를 위해 고난과 박해를 받는 것과 주를 사랑하여 받는 상처는
상급의 기회가 될 것입니다.
이 좋은 고난을 더욱 붙잡고 살아갈 수 있는 성령의 능력과 지혜를
주시옵소서.

내 몸을 죄에 내어 주지 않고 살 수 있는 힘을 주시옵소서.
남을 죽이는 험담의 칼과 찢는 혀를 길들여 거룩한 찬양과 기도로
바꾸기를 원합니다.
감정따라 살지 않고 말씀따라 살게 하여 주시옵소서.
세상이 주는 쾌락과 마귀가 주는 칭찬의 대접을 물리치게 하여
주시옵소서.
사람들이 가져다주는 인정받는 존경과 명예는 겸손의 문을 열지
못하게 만들 것입니다.

인생의 길에 고생이 아주 많을지라도 주와 함께 즐기기를
원합니다.
고난 속에서 하나님이 나를 연단하고 계심을 믿습니다.

솔로몬의 지혜보다 욥의 인내가 더욱 지혜로워 보이게 하여
주시옵소서.
솔로몬의 부귀보다 욥의 고난이 더욱 귀한 믿음이 되게 하여
주시옵소서.
정의와 공의를 믿음으로 행하여 내 영혼을 지키고 살기를
원합니다.

살면서 직면하는 모든 문제가 말씀과 기도로써 해결되는 믿음을
주시옵소서.
하나님의 뜻이라면 실패해도 기뻐하게 하여 주시옵소서.
역경 속에서도 하나님의 사랑을 깨닫게 하여 주시옵소서.
마귀의 유혹을 던져버리는 믿음을 주시옵소서.
환란 중에도 즐거워하며 인내와 연단과 소망을 다 이루게 하여
주시옵소서.
"내 신부야 네 사랑이 어찌 그리 아름다운 것이냐 네가 내 마음을
빼앗았구나"
나의 삶이 주님의 마음을 설레게 만드는 사랑의 고난이 되게 하여
주시옵소서.
내 머리와 심장 속에 아로새겨진 믿음을 주시옵소서.
더욱 나를 온전히 드릴 수 있게 하여 주시옵소서.

고난 속에서도 계속 감사하고 더욱 감사하며 항상 감사하게 하여
주시옵소서.
사람이 어찌하든지 똑바로 주님만 바라보고 따라가기를 원합니다.

죄의 권세에서 승리하게 하여 주시옵소서.
죽음의 두려움에서 승리하게 하여 주시옵소서.
고난의 역경이 하나님께 인정받는 상급의 기회가 되기를
원합니다.
모든 고난을 기쁨과 감사로 바꿀 수 있는 힘을 주시옵소서.
모든 희생을 평안과 평강으로 바꾸어 내는 믿음을 뿌려
주시옵소서.

나를 꺾은 그 자리가 말씀의 옥토가 되기를 원합니다.
나의 연한 가지부터 먼저 꺾어 드리는 유순한 자가 되기를
기도합니다.
내 불완전한 자아를 찍어 버리고 주님이 주시는 온전한 믿음으로
살게 해주시옵소서.
내 경험 내 지식을 꺾어 버리고 주님이 주시는 의의 칼로 승리하게
하여 주시옵소서.
내 자존심을 내어 드리고 내 경험을 꺾어 드리기를 원합니다.
꺾어진 그 자리에 아론의 싹 난 지팡이처럼 새 생명으로 채워
주시옵소서.

주를 따르려거든 날마다 자기를 부인하고 내 십자가를 지고
따르게 하여 주시옵소서.
나를 내려놓으면 주님을 붙잡고 살 수 있습니다.
순종하여 살면 주님 오실 날에 내 생각과 마음과 몸이 완전해질
것임을 믿습니다.

그럴듯한 행위 신앙을 버리고 주님을 사랑하는 마음이 동기가
되어 살게 해주시옵소서.
세상적 가치관을 저버리고 그리스도의 마음을 품고 살기를
원합니다.
하나님의 징계를 겸손한 고난으로 받아 순종을 배워 더욱
낮아지게 하여 주시옵소서.

거룩하고 흠없는 완전함에 서기를 원합니다.
하늘에 있는 좋은 것으로 채워 주시옵소서.
예수님을 통해 내 영혼이 완전한 하나님의 소유가 되게 하여
주시옵소서.
내 기쁨보다 주님의 기쁨이 더 중요하게 여기며 살게
해주시옵소서.
내 이익보다 주님이 주신 복음의 유익이 더 중요한 자로 살기를
원합니다.
복음에 담긴 예수님의 능력을 밝히 비추고 살게 해주시옵소서.
영광과 존귀로 관을 쓰신 주님처럼 내 존엄을 지켜내는 삶을
원합니다.

나에게 가장 약한 것이 주님이 최고로 기뻐하시는 겸손과
낮아짐이 되게 하여 주시옵소서.
나의 연약함이 성령의 능력으로 담대함이 되기를 간구합니다.
그리하여 나는 드러나지 않고 오직 하나님의 공의만 더욱
나타나게 하여 주시옵소서.

죽더라도 옛습성이 죽게 하여 주시고 성령의 습성으로 살게 하여
주시옵소서.
모든 억울함을 기쁨과 감사로 견디게 하여 주시옵소서.

의에 살고 의에 죽게 하여 주시옵소서.
성령으로 살고 성령으로 죽게 하여 주시옵소서.
내 영혼을 주님께 맡깁니다.
예수님을 위해 사는 것이 곧 나를 위해 사는 것임을 믿습니다.
오직 하나님의 능력에 따라 복음과 함께 고난을 받고 그리스도의
좋은 병사로 살아가겠습니다.
고난이 오면 기꺼이 받고 고난이 세질수록 하늘의 영광을
생각하며 더욱 감사하는 믿음을 주시옵소서.
내 자아가 죽을 때마다 순교의 죽음이 되게 하여 주시옵소서.
보혈의 눈물은 전부를 다 주고도 아깝지 않은 예수님의 피와
살이었음을 믿습니다.

나는 죽고 십자가로 하나 되기를 원합니다.
나는 죽고 말씀과 기도로 살게 하여 주시옵소서.
처음부터 끝까지 말씀에 죽고 말씀에 사는 자가 되게 하여
주시옵소서. 나의 삶에 그리스도의 마음을 품고 기도의 향을 담아
영적 예배를 받으실 예수님의 이름으로 기도합니다. (아멘)

누구든지 나를 따라오려거든 자기를 부인하고 자기 십자가를 지고 나를
따를 것이니라 마 16:24

그런즉 너희는 먼저 그의 나라와 그의 의를 구하라 그리하면
이 모든 것을 너희에게 더하시리라

[마태복음 6:33]

시간이 없을 때

단번에
드리는기도

단번에 드리는 기도

단번에
드리는기도

물과 피로 임하신 예수 그리스도시라 증언하시는 이는

성령이시니 성령은 진리니라 요일 5:6

오늘 저음 시작을 성령님께 드립니다.

내 안에 계신 성령님이 기도하여 주시옵소서.

성령님이 간구하여 주시옵소서.

기도로 매일 하나님께 가까이 나아갑니다.

성령의 불로 불로 불로 임하여 주시옵소서.

성령을 성령을 간구합니다.

성령의 불이 내 생각에 임하여 주시옵소서.

하나님의 법을 내 생각에 두고 살겠습니다.

성령의 불이 내 마음에 임하여 주시옵소서.

생명의 근원이 마음에 있음을 믿습니다.

성령의 불이 내 심령에 임하여 주시옵소서.

내 마음에 하나님의 법을 두고 살겠습니다.

하나님의 영이 내 영혼과 만나게 하여 주시옵소서.

내 마음에 사랑의 불이 임하게 하여 주시옵소서.

그리스도의 사랑으로 살기를 원합니다.

성령의 능력이 사랑의 은사로 나타나게 하여 주시옵소서.

하나님의 말씀을 믿고 기도할 때 성령님의 임재가 내 심령에
임하게 하여 주시옵소서.
믿음의 불이 임하게 하여 주시옵소서.
예수님의 십자가와 부활을 믿는 믿음으로 살겠습니다.
감사의 불이 임하게 하여 주시옵소서.
그리스도의 성품으로 범사에 감사하겠습니다.

기도에 사랑을 갖기를 원합니다.
사랑을 행함으로 사랑의 열매를 먹습니다.
기도에 믿음을 갖기를 원합니다.
믿음을 행함으로 믿음의 열매를 먹습니다.
기도에 감사하는 생각과 감사하는 마음을 원합니다.
감사하는 마음으로 감사의 열매를 먹습니다.
하나님의 열심으로 기도합니다.
그의 나라와 의를 이루는 기도를 내려 주시옵소서.
하나님의 의로 기도합니다.
주님이 주신 피와 살을 내 속사람이 먹고 성장하게 하여
주시옵소서.
하나님이 심는 기도가 되길 원합니다.
화평으로 심어 의의 열매를 거두게 하여 주시옵소서.
감사의 잔을 채워 주시옵소서.
감사가 삶이 되게 하여 주시옵소서.
살아 있는 것에 감사하고 물 한잔을 마시는 것에도 감사의 영이
임하게 하여 주시옵소서.

받지 못한 것을 감사하여 하늘의 상급이 되게 하여 주시옵소서.
내가 하고 싶은 일도 주님을 사랑하여 하지 않으면 하늘의 칭찬이
되고 상급이 됨을 믿습니다.

감사하는 입술을 주시옵소서.
내 삶에서 입술의 열매를 드리게 하여 주시옵소서.
감사하는 생각을 주시옵소서.
생각의 열매를 맺어 우리 주님께 올려 드리기를 원합니다.
감사하는 오늘과 내일을 주시옵소서.
믿음으로 감사하고 내일을 먼저 감사하는 믿음을 주시옵소서.
소망으로 감사하고 사랑으로 감사하기를 원합니다.
모든 것에 감사하는 마음을 주시옵소서.

성령의 불이 생각의 문, 마음의 문, 입술의 문을 지켜주시옵소서.
하나님, 나의 순종으로 하나님의 나라와 하나님의 의를 이루게
하여 주시옵소서.
성령께서 나의 모든 것에 힘이 되게 하여 주시옵소서.
성령께서 나의 생각을 다스려 주시옵소서.
성령께서 나의 마음을 다스려 주시옵소서.
성령께서 나의 입술을 다스려 주시옵소서.
성령께서 나를 다스려 주시옵소서.

성령을 믿음으로 마십니다.
성령의 삶이 되게 하여 주시옵소서.

성령을 믿음으로 마십니다.
말씀의 삶이 되게 하여 주시옵소서.
성령의 불이 내 영혼에 임하여 주시옵소서.
성령의 불로 불로 불로 임재하여 주시옵소서.
사랑하게 하여 주시옵소서.
기뻐하게 하여 주시옵소서.
화평하게 하여 주시옵소서.
오래참게 하여 주시옵소서.
친절하게 하여 주시옵소서.
온유하게 하여 주시옵소서.
절제하게 하여 주시옵소서.
양선하게 하여 주시옵소서.

심령이 가난한 자가 되기를 원합니다.
나의 애통이 주님의 위로가 되게 하여 주시옵소서.
의에 주리고 목마른 자가 되기를 원합니다.
긍휼히 여기는 자가 되게 하여 주시옵소서.
마음이 깨끗한 자가 되어 우리 주님을 기쁘시게 하기를 원합니다.
고난 속에서도 계명을 온전히 지키는 자로 살기를 소망합니다.
성령으로 보고, 성령으로 생각하고, 성령으로 행동하게 하여
주시옵소서.

예수님의 보혈을 뿌리고 바르고 마십니다.
예수님의 보혈을 내 속사람에게 뿌리고 바르고 덮습니다.

예수님이 중보하여 주시옵소서.
청결한 마음과 선한 양심과 거짓이 없는 믿음에서 나오는 사랑이
되게 하여 주시옵소서.
예수님의 보혈을 믿음으로 마십니다.
보혈의 잔을 채워 주시옵소서.
영생하도록 솟아나는 샘물이 되게 하여 주시옵소서.
예수님의 살을 믿음으로 먹습니다.
영생하도록 솟아나는 양식이 되게 하여 주시옵소서.

예수님의 피를 내 생각에 뿌립니다.
생각의 전신갑주를 주시옵소서.
예수님의 피를 내 마음에 뿌립니다.
마음의 전신갑주를 주시옵소서.
예수님의 피를 내 심령에 뿌립니다.
심령의 전신갑주를 주시옵소서.
말씀이 보혈과 성령으로 하나 되어 나를 덧입혀 주시옵소서.
깨끗한 마음으로 의와 믿음과 사랑과 화평을 따르게 하여
주시옵소서.
악을 저버리고 의를 취합니다.

하나님의 뜻대로 살아가는 피뿌림이 임하게 하여 주시옵소서.
예수님의 피를 내 영혼에 뿌립니다.
예수님의 피를 내 입술에 뿌립니다.
입술의 온전함을 주시옵소서.

입술의 열매를 맺게 하여 주시옵소서.
예수님의 피를 내 영혼에 바릅니다.
정결하고 깨끗한 영혼이 되게 하여 주시옵소서.

예수님의 보혈이 나의 삶에 능력이 되게 하여 주시옵소서.
예수님의 보혈이 나의 삶에 기쁨이 되게 하여 주시옵소서.
예수님의 보혈이 나의 삶에 승리가 되게 하여 주시옵소서.
예수님의 보혈이 온전한 믿음이 되게 하여 주시옵소서.
예수님의 보혈이 참사랑이 되게 하여 주시옵소서.
예수님의 보혈이 참소망이 되게 하여 주시옵소서.

기도에 성령의 불이 붙게 하여 주시옵소서.
성령 안에서 가능합니다.
기도에 믿음의 불이 붙게 하여 주시옵소서.
예수님 안에서 가능합니다.
기도에 하늘의 불이 임하게 하여 주시옵소서.
기도가 삶의 변화가 되게 하여 주시옵소서.

믿음이 온전한 소망이 되게 하여 주시옵소서.
말씀이 온전한 사랑이 되게 하여 주시옵소서.
겸손이 온전한 생각이 되게 하여 주시옵소서.
온유가 순전한 마음이 되게 하여 주시옵소서.
공의의 겉옷을 입은 온전한 예수님의 신부가 되기를 원합니다.
보혈의 만나를 주시옵소서.

내 영이 만나를 먹고 새 힘을 얻게 될 것입니다.

믿음의 만나를 주시옵소서.

내 영이 만나를 먹고 큰 믿음을 갖게 될 것입니다.

사랑의 양식을 주시옵소서.

내 영이 사랑의 양식을 먹고 사랑으로 살게 될 것입니다.

보혈의 사랑을 주시옵소서.

보혈의 속죄를 주시옵소서.

보혈의 겸손을 주시옵소서.

보혈로 회개하는 은혜를 내려 주시옵소서.

보혈이 세마포가 되어 내 영혼이 입게 하여 주시옵소서.

예수님의 보혈과 예수님의 공로로 하나님의 보좌 앞으로 한
걸음씩 나아갑니다.

끝까지 견디고 끝까지 나아가기를 원합니다. 아멘.

믿음으로 완주하게 하여 주시옵소서.

하나님의 열심을 주시옵소서.

그리스도의 열정을 심어 주시옵소서.

하나님의 마음이 내 마음에 임하여 주시옵소서.

하나님의 말씀이 내 마음에 임하여 주시옵소서.

하나님의 사랑이 내 마음에 임하여 주시옵소서.

하나님의 인내가 내 마음에 임하여 주시옵소서.

하나님의 복음이 내 마음에 임하여 주시옵소서.

하나님의 계획이 내 마음에 임하여 주시옵소서.

보혈이 생명이 되게 하여 주시옵소서.

내 삶에 사랑의 검을 가지고 나아갑니다.

내 마음에 화평의 검을 가지고 나아갑니다.

내 마음에 감사의 방패를 가지고 나아갑니다.

내 삶에 복음의 신발을 신고 나아갑니다.

내 신앙에 믿음과 사랑의 겉옷을 입고 나아갑니다.

생명의 구원과 소망의 샘물이 흘러 넘치게 하여 주시옵소서.

예수님의 보혈이 진리의 띠가 되게 하여 주시옵소서.

말씀과 성령이 내 영혼에 힘이 되기를 원합니다.

말씀의 검을 내 오른손에 쥐어 주시옵소서.

말씀과 성령이 내 심령에 기쁨이 되기를 간구합니다.

기쁨의 옷을 입혀 주시옵소서.

예수님의 보혈이 나의 모든 과거, 현재, 미래의 길에 뿌려집니다.

예수님의 피뿌림이 나의 모든 삶에 뿌려지게 하여 주시옵소서.

믿음의 길을 막고 있는 악한 영들아 예수님의 이름으로 떠나가라.

사랑의 길을 막고 있는 악한 영들아 예수님의 이름으로 떠나가라.

감사의 길을 막고 있는 악한 영들아 예수님의 이름으로
떠나갈지어다.

실망과 낙심을 주는 악한 영들아 예수님의 이름으로
떠나갈지어다.

외로움을 주는 악한 영들아 예수님의 이름으로 사라질지어다.

헛된 자랑을 주는 악한 영들아 예수님의 이름으로 소멸될지어다.

슬픔을 주는 악한 영들아 예수님의 이름으로 완전히
멸절될지어다.

고집과 교만을 주는 악한 영들아 예수님의 이름으로
무너질지어다.
죄의 쓴 뿌리들아 예수님의 이름으로 명하노니 영원히
사라질지어다.
모든 문제는 예수님의 이름으로 완전히 해결될지어다.

마음의 짐, 생각의 짐은 예수님의 이름으로 완전히 풀어질지어다.
예수님의 부활은 나의 부활입니다.
빛나는 부활의 옷을 입혀 주시옵소서.
예수님의 권세는 나의 권세입니다.
그리스도의 옷을 입혀 주시옵소서.
온유와 겸손으로 살게 하여 주시옵소서.
사사로운 감정, 조바심, 판단과 정죄를 주는 악한 영들아 예수님의
이름으로 즉시 떠나가라.
예수님의 보혈을 의지하고 믿음으로 선포하며 나아갈 때 모든
악한 세력은 무력화될 것입니다.
담대히 한 발 내딛는 순간 하나님과 더 가까워짐을 믿습니다.

오늘도 성령님을 의지하고 예수님의 보혈을 믿고 기도합니다.
하나님이 나의 첫 번째입니다.
예배를 받아 주시옵소서.
예수님의 보혈로 죄를 이깁니다.
예수님의 보혈로 죄를 다스립니다.
회개를 이루는 보혈을 주시옵소서.

구원을 이루는 회개를 주시옵소서.
구원에 이르게 하는 보혈을 믿습니다.
보혈, 보혈, 보혈, 보혈을 믿습니다.

예수님의 보혈을 믿고 죄를 고백하여 용서받기를 원합니다.
눈으로 지은 죄를 용서해 주시옵소서.
귀로 지은 죄를 용서해 주시옵소서.
입으로 지은 죄를 용서해 주시옵소서.
손으로 지은 죄를 용서해 주시옵소서.
발로 지은 죄를 용서해 주시옵소서.
생각으로 지은 죄를 용서해 주시옵소서.
마음으로 지은 죄를 용서해 주시옵소서.
죄인지 모르고 지은 죄를 용서해 주시옵소서.
생각없이 지은 죄와 무익한 말을 하여 심판받게 될 모든 죄를
용서해 주시옵소서.

보혈을 의지하여 육의 사람이 육의 말하는 것을 서운해하지
않겠습니다.
예수님의 보혈로 이기는 자답게 살겠습니다.
살아있는 믿음으로 천국을 침노하며 그리스도의 푯대를 향하여
전진하겠습니다.
예수님의 십자가 보혈과 부활은 나를 위한 것임을 믿습니다.
눈에 보이는 허상뿐인 죄를 이기고 죄를 다스리며 승리하게 하여
주시옵소서.

말씀으로 기도하는 자에게 평안이 임할지어다.

기도하는 동안 겉사람과 속사람이 강건하여 질지어다.

하늘문을 열어 주시옵소서.

내 마음의 문을 우리 주님께 열어 드립니다.

주님이 십자가의 피로 나를 사셨습니다.

그러므로 사나 죽으나 저는 주님의 것입니다.

성령과 보혈을 믿음으로 마십니다.

생명과 평안이 되게 하여 주시옵소서.

성령과 보혈을 내 영이 먹습니다.

그리스도의 피와 살로 채워 주시옵소서.

영원한 생명이 되고 영원한 양식이 되게 하여 주시옵소서.

세상에서 받은 내 상처가 거룩한 상급이 되게 하여 주시옵소서.

그리스도의 보혈과 성령의 생명수를 내 겉사람과 속사람이 먹고

마실 때마다 내 배에서 생수의 강이 흘러 넘치게 하여 주시옵소서.

나는 예수님의 이름으로 이긴 자임을 믿습니다.

보혈의 권세와 성령의 능력으로 이기고 이기게 하여 주시옵소서.

십자가로 용서하고 보혈의 권세로 승리하기를 원합니다.

나를 위해 십자가를 참으시고 부끄러움도 개의치 않으신 예수님의

이름으로 기도합니다.

(아멘. 아멘. 아멘.)

다른 천사가 와서 제단 곁에 서서 금 향로를 가지고 많은 향을 받았으니

이는 모든 성도의 기도와 합하여 보좌 앞 금 제단에 드리고자 함이라

계 8:3

믿음, 소망, 사랑

믿음, 소망
사랑은

믿음은 주님이 내 안에 들어오셔서
나와 함께 살아가시는 것을 의미합니다.
소망은 주님이 내 안에 들어오셔서
땅의 것은 내려 놓고 하늘의 것을 붙잡고
살아가는 것을 의미합니다.
사랑은 주님이 내 안에 들어오셔서
그리스도의 옷을 입고 사랑하며
살아가는 것을 의미합니다.

믿음과 소망과 사랑은 그리스도를 본받아
그리스도의 생각과 그리스도의 마음을 품고
살아가는 것입니다.

주께서 호령과 천사장의 소리와 하나님의 나팔 소리로 친히 **하늘로부터**
강림하시리니 그리스도 안에서 죽은 자들이 먼저 일어나고 그 후에 우리
살아 남은 자들도 그들과 함께 구름 속으로 끌어 올려
공중에서 주를 영접하게 하시리니 그리하여 우리가 항상
주와 함께 있으리라 그러므로 이러한 말로 서로 위로하라

살전 4:16-18

은밀한 중에 보시는 네 아버지께서 상을 주시리라

[마태복음 6:6]

특별부록

기도일지

♔ 한달 기도 체크

1일차	2일차	3일차	4일차	5일차	6일차	7일차
8일차	9일차	10일차	11일차	12일차	13일차	14일차
15일차	16일차	17일차	18일차	19일차	20일차	21일차
22일차	23일차	24일차	25일차	26일차	27일차	28일차
29일차	30일차					

1주차 변화된 나의 삶

2주차 변화된 나의 삶

3주차 변화된 나의 삶

4주차 변화된 나의 삶

👑 100일 뒤에 달라진 내 모습을 기록해 보기

👑 7개월 뒤에 영의 기도로 달라진 내 모습을 기록해 보기

👑 1년 후의 영의 기도로 달라진 내 모습을 떠올려 보기

상 장

기 도 상　　　　　성 명 _____

위 성도는 항상 기도하여 하늘에 큰 기도의
공적을 쌓았으므로 상장을 주고 이를 치하
합니다

20 년　월　일

  예수 그리스도

그리스도와 연합체를 이룬 기도자들이여

기도의 전사들이여~
그리스도와 합하여 일어나시오.
성령의 불옷을 입은 자들이여~
마지막 추수때에 쓰임 받아
제사장 직분을 받으시오.
그리스도의 신부된 자격을 얻으시오.

하늘의 영광이 당신을 기다리고 있소.
영의 기도를 숨 쉬듯 계속하고 쉬지도 말고 어떤 일이
있어도 멈추지도 마시오.
하나님의 뜻을 받들어 마지막 남은 세월을 주께 드리시오.
이제 시간이 얼마 남지 않았소.
기도의 전사가 되어 전세계의 영혼들을 그리스도의 능력과
성령의 권능을 힘입어 기도의 힘으로 흔들어 깨우시오.
이것이 복음을 땅끝까지 이르게 만들어 영적인 대로를
넓히고 보혈의 권세로 뚫어버리는 속시원한 사명이외다.

- 무명의 기도자가 외친 광야의 소리 -

읽는 기도를 하시면 마음에 힘을 얻게 됩니다.

그리고 〈신부단장 기도〉를 하시면 보좌로부터 성령의 힘을 받게 되어 영적 탄력성이 생기게 됩니다.

그렇게 기도의 힘을 받으신 후에 〈신부단장 지침서〉를 읽어 보시면 성경적인 정확한 근거를 가지고 확실한 길과 방법을 알 수 있게 기록해 놓았습니다.

여러분들이 마음껏 믿음으로 취하셔서 말씀을 삶으로 살아내시면서 푯대를 향해 전진 하십시요.

천국을 침노하고 침노하셔야 세상에 마음을 빼앗기지 않습니다.

거룩한 침노를 하시는 것은 하늘에 있는 아름다운 열매들을 맺게 만들고 그것이 증거가 되어 영원한 상급과 면류관을 받게 되는 것입니다.

– 무명의 기도자 드립니다 –

💎 기록문 💎

💎 읽는 기도로 1년 동안 기도한 후 완전히 달라진 내 생각과 마음과
　 삶의 변화를 구체적으로 기쁨과 감사로 기록해 보세요.

읽는 기도(완전개정판)

초판 1쇄 발행   2024년 2월 15일
초판 3쇄 인쇄   2024년 3월 20일
개정판 1쇄 발행 2024년 5월 10일
개정판 7쇄 인쇄 2024년 12월 31일

지은이   무명의 기도자

펴낸이   황성연

펴낸곳   도서출판 더하트

출판등록   제 2024-000016호

주문처   하늘유통

주소   경기도 파주시 광탄면 혜음로883번길 39-32

전화   031-947-7777

팩스   0505-365-0691

홈페이지 www.jesus-jesus.com

ISBN   979-11-987406-56 03230

Copyright ⓒ 2024, 더하트 출판사